_____ 님의 소중한 미래를 위해
이 책을 드립니다.

축구가
10배 더 재밌어지는
경기 관전법

Hayashi Ryōhei no Soccer kansenjutsu-Shiai ga Gutto Omoshirokunaru Gokui
by Hayashi Ryōhei
ⓒ Hayashi Ryōhei 2024
All rights reserved.
Originally published in Japan by HEIBONSHA LIMITED, PUBLISHERS, Tokyo
Korean translation rights arranged with
HEIBONSHA LIMITED, PUBLISHERS, Japan
through GAON AGENCY
Korean translation copyright ⓒ2025 by one & one contents group

이 책의 한국어판 저작권은 가온 에이전시를 통한
HEIBONSHA LIMITED, PUBLISHERS, Tokyo와의 독점계약으로
one & one contents group에 있습니다.
저작권법에 의해 한국 내에서 보호를 받는 저작물이므로
무단전재와 무단복제를 금합니다.

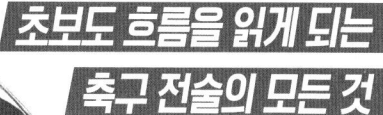

**초보도 흐름을 읽게 되는
축구 전술의 모든 것**

축구가
10배 더
재밌어지는
경기 관전법

하야시 료헤이 지음 · 김정환 옮김

초록북스

| 일러두기 |

- 이 책에 등장하는 감독 및 선수의 소속팀과 관련 정보는 원서인 일본어판이 출간된 2024년 1월 기준입니다. 다만, 한국어판 번역 과정에서는 2025년 6월 20일 기준의 최신 정보를 역주 형식으로 보완하여 안내하였습니다.
- 본문에 사용된 감독 및 선수 사진은 각 구단 공식 홈페이지에 게시된 이미지를 바탕으로, 비영리적 설명 보조 목적에 한해 활용하였습니다. 사진의 모든 저작권은 해당 구단에 귀속됩니다.

축구가 10배 더 재밌어지는 경기 관전법

초판 1쇄 발행 2025년 8월 5일 | **초판 2쇄 발행** 2025년 11월 1일
지은이 하야시 료헤이 | **옮긴이** 김정환
펴낸곳 (주)원앤원콘텐츠그룹 | **펴낸이** 강현규·정영훈
등록번호 제301-2006-001호 | **등록일자** 2013년 5월 24일
주소 04607 서울시 중구 다산로 139 랜더스빌딩 5층 | **전화** (02)2234-7117
팩스 (02)2234-1086 | **홈페이지** matebooks.co.kr | **이메일** khg0109@hanmail.net
값 18,000원 | **ISBN** 979-11-6002-956-7 03690

잘못 만들어진 책은 구입하신 서점에서 교환해 드립니다.
이 책을 무단 복사·복제·전재하는 것은 저작권법에 저촉됩니다.

"축구는 머리로 하는 경기다.
다리는 그저 생각을 전달하는 도구일 뿐이다."

• 요한 크루이프(전 바르셀로나 감독, 현대 전술 축구의 창시자) •

차례

| 한국어판에 부쳐 | 축구 경기를 '본다'는 감각의 지평을 넓히는 책 • 10
| 들어가며 | '축구를 보는 힘'을 높이면 축구가 더 재밌어집니다! • 16

CHAPTER 1 축구를 재밌게 보기 위한 사전 준비와 마음가짐

응원팀의 경기를 적어도 주 1회는 봅니다 • 30
스카우팅 리포트를 최대한 활용합니다 • 33
선수의 SNS는 정보의 보물 창고입니다 • 36
경기가 시작되기 전에 미리 파악해야 할 것들 • 38

CHAPTER 2 시간대별로 짚어보는 90분 경기의 관전 포인트

초기 배치와 팀의 공격성을 킥오프 때 파악합니다 • 46
전반전 후의 하프타임에는 '스탯'을 꼭 확인합니다 • 54

역전 승리를 통해 보는 '선수 교체'의 중요성	• 57
'상대에 대한 대응'을 의식하며 후반전을 봅니다	• 60
60분 전후에 주목할 것은 두 감독의 줄다리기입니다	• 63
노림수가 얼마나 통했는지 경기 종료 후 확인합니다	• 65

CHAPTER 3 각 포지션의 주된 역할과 상징적 선수들

[센터포워드(CF)] 득점뿐 아니라 연계와 압박까지	• 73
[윙어와 세컨드스트라이커] 포지션의 무경계화가 진행중	• 82
[공격적 미드필더] 플레이 비전과 판단력이 핵심 능력	• 93
[수비적 미드필더] 공수 균형을 맞추는 숨은 일꾼	• 101
[센터백(CB)] 스피드의 중요성이 커지는 중	• 107
[풀백(FB)과 윙백(WB)] 밸런스형과 초공격형으로 구분	• 114
[골키퍼(GK)] 골키퍼의 필드 플레이어화가 진행중	• 123

CHAPTER 4 포메이션으로 경기의 흐름을 한눈에 읽기

초기 배치가 머릿속에 들어 있어야 합니다	• 134
[4-4-2] 밸런스가 좋은 정석 포메이션	• 137
[4-2-3-1] 공격형 미드필더의 역할이 중요	• 142

[4-3-3] 현재 가장 대세인 포메이션	• 147
[4-3-1-2] 중원에서 주도권을 잡기가 용이	• 152
[3-4-2-1] 5레인 공격에 대한 한 가지 대책	• 157
[3-1-4-2와 3-4-1-2] 상당한 운동량이 요구	• 162
[가변 포메이션] 이제는 전술의 기본값이 되다	• 167

CHAPTER 5 현대 축구의 흐름을 바꾼 위대한 명장들

[호셉 과르디올라] 끝없는 탐구심과 발전 욕구	• 174
[위르겐 클롭] 게겐프레싱을 진화시킨 명장	• 182
[미켈 아르테타] '아스널 재건'의 중책을 수행중	• 190
[로베르토 데 제르비] 팬을 매료시키는 초공격형 축구	• 195
[카를로 안첼로티] '선수 우선'으로 전술을 수립	• 202
[디에고 시메오네] 투쟁심과 강한 끈기를 중시	• 208
[주제 무리뉴] 현대 축구의 대표적 현실주의자	• 213

CHAPTER 6 개인적으로 주목하는 선수와 감독

[페드로 네투] 날카로운 드리블 돌파가 압권	• 224
[모건 깁스-화이트] 현대적인 판타지스타의 등장	• 227

[알렉스 스콧] 적장인 펩이 극찬한 재능	• 229
[브리안 사라고사] 경이적인 드리블 능력이 압권	• 232
[기오르기 마마르다슈빌리] 독보적인 세이빙 능력	• 235
[미카 마르몰] 센터백 빌드업의 교과서	• 237
[티자니 레인더르스] 중앙 미드필더의 이상형	• 239
[조슈아 지르크제이] 즐라탄을 떠올리게 하는 선수	• 242
[벤자민 세스코] '제2의 홀란드'로 불리는 골잡이	• 245
[워렌 자이르-에메리] 17세에 빅 클럽 주전을 차지	• 248
[산티아고 히메네스] 유럽이 주목한 특급 골잡이	• 251
[아르네 슬롯] 명확한 지향성에 유연성도 겸비	• 254

CHAPTER 7
나의 오랜 파트너인 '축구 노트'

약 30년 전부터 작성해온 나만의 축구 노트	• 262
해설의 예습을 위해서도 노트를 활용합니다	• 264
응원팀용 축구 노트를 꼭 만들어봅시다	• 267

| 나오며 | 이 책을 통해 더 즐겁게 축구를 볼 수 있을 것입니다! • 270

> **한국어판에 부쳐**
>
> **축구 경기를 '본다'는
> 감각의 지평을 넓히는 책**

이 책은 단순한 전술 해설서가 아닙니다. '축구를 어떻게 봐야 경기가 더 재미있어지는가'에 대해, 실전적이고 생생한 감각으로 안내하는 관전 입문서입니다.

J리그에서 12년을 뛴 전직 프로 선수이자 해설자이자 대학팀 감독이었던 저자가 직접 체득한 실전 노하우를 바탕으로, 축구 경기의 흐름을 '보는 기술'로 풀어냅니다. 축구 경기를 볼 때 어디에 집중해야 하는지, 포지션과 전술을 어떤 맥락으로 해석해야 하는지, 하프타임이나 교체 타이밍에 감독은 어떤 고민을 하는지 등을 안내하는 이 책은 단순히 전술 용어를

나열하는 데 그치지 않고 축구를 '읽는 감각'을 길러주는 실용적인 안내서이기도 합니다.

한국어판에서 새롭게 보완한 편집 장치들

원서 자체로도 충분히 훌륭한 책이지만, 한국어판을 준비하면서 국내 독자 여러분의 이해와 몰입을 돕기 위해 몇 가지 편집 장치를 새롭게 추가했습니다. 그중 가장 핵심적인 세 가지 보완 요소에 대해 간략히 소개드리고자 합니다.

첫째, 움직임의 맥락을 생생하게 전달하고자 36개의 동영상 QR코드를 삽입했습니다.

축구는 '움직임의 스포츠'입니다. 하지만 그 움직임을 글로만 설명하는 데에는 아무래도 한계가 따릅니다. 특히 포지셔닝이나 침투 타이밍, 패턴 플레이와 같이 '타이밍과 공간의 감각'이 중요한 개념은 아무리 정교한 문장으로도 직접 눈으로 볼 때만큼 직관적으로 와닿지는 않습니다.

그래서 한국어판에서는 특정 전술 장면을 설명하는 대목에 유튜브 영상 QR코드를 삽입해, 독자 여러분께서 그 내용과 관련된 실제 경기 장면을 바로 확인할 수 있도록 했습니다. 예를 들어 과르디올라 감독이 하프타임에 맨체스터 시티의 전술을 3-2-5에서 3-1-6으로 전환하는 장면은, 단 몇 초의 실제 경기 영상만으로도 본문의 설명이 훨씬 생생하게 이해될 수 있을 것입니다.

이 QR코드 기능은 독자가 이론(글)을 막 이해한 직후, 바로 실제 사례 영상으로 넘어갈 수 있게 구조화되어 있습니다. 그러므로 축구를 막 좋아하게 된 분들께도, 전술의 흐름을 실감 나게 체험하고 싶은 분들께도, 분명 큰 도움이 될 것이라 생각합니다. 텍스트에 시청각적 몰입을 더해주는 이 장치가 책의 이해도를 더욱 높이는 긍정적인 보완 요소로 작용하길 바랍니다.

둘째, 전술 용어의 장벽을 낮추기 위해 30여 개의 '용어 설명 박스'를 본문 곳곳에 새롭게 추가했습니다.

축구를 좋아하더라도 축구 용어, 특히 전술 용어에는 익숙하지 않으신 분들이 많습니다. 이런 개념들은 본문 흐름 속에 자연스럽게 사용되지만, 초심자에게는 오히려 이해를 가로막는 '용어의 벽'이 될 수 있습니다. 그래서 한국어판에서는 이런 용어가 등장하는 지점마다 본문 흐름을 해치지 않도록 간결하고 직관적인 설명 박스를 삽입했습니다.

별도로 인터넷에서 검색하지 않아도 바로 핵심 개념을 이해할 수 있게 구성된 이 용어 박스는, 책의 몰입감을 해치지 않으면서도 독자의 이해를 돕는 실질적인 이해 도구입니다. 단순한 용어 풀이를 넘어, '지금 이 맥락에서 왜 이 용어가 중요한가'까지 함께 느낄 수 있도록 신중하게 구성했습니다. 축구를 더 깊이 이해하고 싶은 독자분들께 실질적인 도움이 되었으면 합니다.

셋째, 일본 특유의 전술 및 포지션 용어 체계에 대한 해설을 추가했습니다.

일본에서는 1930~1950년대 영국 전통 축구에서 유래한 포지션 명칭인 '인사이드 하프' 등 전통 포지션 용어가 현대 전술 맥락 속에서 혼용되고 있습니다. 반면, 한국 독자에게 익숙한 용어는 4-3-3이나 4-4-2 포메이션을 전제로 한 '윙어' '중앙 미드필더' '풀백' 같은 표현입니다. 특히 '인사이드 하프'는 일본에서는 주로 '박스 투 박스형 미드필더'나 '공격형 미드필더'에 가까운 역할을 지칭하는데, 이러한 용어를 배경 지식 없이 접할 경우 전술적 이해에 혼선을 줄 수 있습니다.

이에 한국어판에서는 일본어 원어를 그대로 유지하되, 현대 축구에서 대응되는 포지션과 기능을 함께 설명하는 방식으로 정리했습니다. 일본 축구 문화의 고유한 용어 사용을 존중하는 동시에, 국내 독자들이 실제 경기 흐름과 전술 구조를 보다 정확하게 이해할 수 있도록 편집적 배려를 더했습니다.

90분 경기 시간이 더욱 즐거워질 것입니다!

무엇보다 이 책의 가장 큰 장점은, 초보자와 마니아 모두를 아우를 수 있는 균형감에 있습니다. 전문적인 전술 용어를 억지로 나열하거나, 반대로 감상만을 강조하지 않습니다. 경기의 흐름과 포메이션, 선수 교체의 타이밍 같은 핵심 요소들을 일상적인 언어로 풀어내어, 독자가 실제 경기를 보면서 직접 적용해볼 수 있도록 구성되어 있습니다. 따라서 이 책은 단순히 읽는 책이 아니라, '경기 관전'이라는 체험과 맞물려 빛을 발하는 실전형 안내서입니다.

 이 책의 전체 구성은 축구를 바라보는 시야를 점진적으로 확장해가는 순서로 설계되어 있습니다. 1장에서는 경기 전후에 갖추어야 할 기본적 태도와 시선을 안내하고, 2장부터는 실제 90분 경기에서 주목해야 할 흐름의 전환, 포지션별 역할, 전술 변화 등을 순차적으로 짚어갑니다. 각 장은 축구 팬들이 흔히 느끼는 궁금증이나 막연한 인상들을 구체적인 관전 포인트로 바꾸는 데 집중하고 있으며, 실제 경기 장면이나 중계 화면과 연결되는 사례 중심의 설명이 이해를 돕습니다.

이 책이 전하고자 하는 메시지는 분명합니다. "축구는 보는 눈이 생길수록 더 재미있어집니다." 하지만 그 '보는 눈'을 기르는 데는 의외로 섬세한 안내가 필요합니다. 선택과 집중, 시야의 확장, 전술적 의도의 해석 등 이 책은 그런 능력을 차근차근 길러주는 하나의 훈련서이자, 축구를 더 깊이 즐기고 싶은 모든 분들을 위한 친절한 길잡이입니다.

한국어판을 준비하며, 조금 더 쉽고 풍부하게 이 책을 체험할 수 있도록 노력했습니다. 앞서 소개드린 세 가지 장치는 이러한 고민의 결과물입니다.

아무쪼록 이 책이 축구를 사랑하는 독자 여러분의 감각을 한층 더 정교하게 키워주는 데 실질적인 도움이 되기를, 그리고 경기장의 90분이 더욱 풍요롭고 입체적인 시간이 되기를 진심으로 바랍니다.

초록북스 편집부 드림

> **들어가며**
>
> **'축구를 보는 힘'을 높이면
> 축구가 더 재밌어집니다!**

저는 일본 프로축구 리그인 J리그에서 12년 동안 선수로 활동했으며, 2020년 말에 은퇴한 뒤로는 다양한 방송국과 종이 미디어, 인터넷 미디어에서 주로 해외축구를 해설하고 분석하는 일을 업으로 삼고 있습니다. 2021년부터 2023년까지는 도쿄대학교 축구부의 감독을 맡기도 했습니다. 이 책을 선택해준 독자 여러분에게 감사를 전합니다.

본론으로 들어가기에 앞서, 간단히 자기소개를 하고 넘어가겠습니다. 저는 3세였을 때 하치오지 시의 지역 클럽에서 축구를 시작했습니다. 저보다 네 살 많은 형의 영향이었습니다. 그 후 8세부터 베르디의 축구 스쿨에 다녔고, 9세에는 베르디의 하부 조직에 입단해 18세까지 소속되어 있었습니다.

저는 어렸을 때부터 축구를 정말 좋아했습니다. 직접 축구를 하는 것은 물론이고, 경기장에 가거나 텔레비전을 통해서 축구 경기를 보는 것도 매우 좋아했습니다. 당시 저의 슈퍼스타는 드라간 스토이코비치(전 유고슬라비아 국가대표)였던 까닭에 J리그에서는 그의 소속팀인 나고야 그램퍼스의 경기를 많이 봤습니다.

제가 해외축구에 빠져들게 된 시기는 15, 16세 무렵이었습니다. 레알 마드리드가 '갈락티코스(은하수 군단)'라고 불리던 시대로, 호나우두, 루이스 피구, 지네딘 지단, 데이비드 베컴 같은 슈퍼스타들의 플레이에 완전히 마음을 빼앗겼습니다. 그 뒤로는 완전히 해외축구 마니아가 되었습니다. 메이지대학교를 거쳐서 22세에 J리거가 된 뒤에도 계속 해외축구 경기를 시청했습니다. 현역으로 뛰는 동안 오히려 마니아화가 한층 가속되어서, 관심사가 너무 다른 탓에 팀 동료들과 제대로 대화가 되지 않을 정도였습니다.

하지만 그런 열정 덕분에 몬테디오 야마가타 경기를 뛰던 2013년에 "해외축구 경기를 해설하지 않겠느냐"는 제안을 받아 비시즌에는 해설을 하게 되었습니다. 이때의 해설이 좋은 평가를 받아 현역 시절부터 〈월드 사커 다이제스트〉나 〈풋볼리스타〉 등 해외축구 전문지에 칼럼을 연재하게 되었고, 『J리거가 알려주는 해외축구의 끝내주게 재미있는 이야기』라는 책도 쓰게 되었습니다. 이런 실적을 차근차근 쌓은 덕분에 2020년 시즌을 끝으로 현역에서 은퇴하자마자 도쿄대학교 운동회 축구부로부터 감독 취임 요청도 받을 수 있었다고 생각합니다.

다만 은퇴한 뒤로는 현역 시절과 비교했을 때 축구를 보는 관점이 완전히 바뀌었습니다. 선수로 뛰었던 시절에는 감각적인 부분이 강해서, 주로 개인의 기술이나 움직임에 초점을 맞췄었습니다. 특히 즐라탄 이브라히모비치(전 스웨덴 국가대표)나 뤼트 판 니스텔로이(전 네덜란드 국가대표 선수), 크리스티안 비에리(전 이탈리아 국가대표), 올리비에 지루(프랑스 국가대표), 해리 케인(잉글랜드 국가대표) 등 저와 포지션이 같은 센터포워드의 플레이에 주목하는 경향이 있었습니다.

그러나 은퇴한 뒤에는 개인의 플레이나 국면뿐만 아니라 좀더 전체적인 시각에서 축구를 보게 되었습니다. '팀 전체의 구조는 이러합니다. 그래서 이 지역에 공간이 생기며, 이런 압박이 효과적입니다'라고 말할 수 있게 되며 좀더 거시적인 사고로 바뀌어갔습니다. 과거에는 '나무(선수 개인이나 특정 국면의 플레이)'만 봤다면, 지금은 좀더 '숲(팀 전체의 구조)'을 보게 되었다고나 할까요?

이 변화는 틀림없이 감독을 맡았었기에 생긴 것이며, 현역 시절보다 더 많은 경기를 보고 JFA 코칭 라이선스 강습회(현역 시절인 2018년에 B급 라이선스를, 2022년에 A급 라이선스를 취득했으며, 2024년부터 프로 수준의 선수를 지도할 수 있는 S급도 수강했습니다) 등을 통해서 많은 배움을 얻은 덕분이기도 하다고 생각합니다. 개인적으로는 이러한 시각의 변화로 인해 축구를 보는 것이 더욱 즐거워졌습니다.

감독으로서, 그리고 해설자로서 지내며 제가 가장 중시해 온 것은 '최대한 많은 경기를 보는 것'입니다. 텔레비전 중계방송밖에 없었던 예전과 달리 현대에는 인터넷 중계방송이 주류이기에 집은 물론이고 카페에서도, 전철 안에서도 경기를 손쉽게 볼 수 있습니다. 해외축구 마니아인 제게는 최고의 환경입니다.

2022년까지는 해외축구 위주로 해설했지만 2023년부터는 DAZN의 J리그 정보 방송인 'J리그 프리뷰 쇼'에도 고정 출연하게 되었습니다. 그래서 요즘은 유럽축구와 J리그를 합쳐서

한 달에 100경기 정도를 보고 있습니다. 게다가 한 달에 10경기 이상을 해설하고, 감독이었을 때는 도쿄대학교의 훈련과 경기도 일주일에 6회 정도 있었습니다.

가령 2023년 어느 주말의 일정은 다음과 같았습니다.

- 토요일
07:30~ 기상, 아침 식사
09:00~ 근육 트레이닝
11:00~ 전철로 이동하면서 한 경기 시청
14:00~ 도쿄대학교에서 팀 훈련
17:00~ 카페에서 두 경기 시청
20:00~ 스튜디오 도착
21:00~ 프리미어리그 해설
23:30~ 이동해서 호텔에 체크인

- 일요일
00:30~ 스튜디오 도착
01:30~ 라리가 해설
04:00~ 호텔로 돌아와 취침
07:00~ 기상, 아침 식사
11:00~ 도쿄대학교 축구부의 경기 전 미팅
13:00~ 도쿄대학교 축구부의 경기
18:00~ 호텔로 돌아와 잠시 수면
23:00~ 스튜디오 도착

- 월요일
00:00~ 프리미어리그 해설
03:00~ 호텔로 돌아와 취침

주위 사람들에게 이런 일정을 이야기하면 대체로 "잠은 언제 자는 거야?"라면서 놀랍니다. 하지만 저는 이 바쁜 일정이 조금도 힘들지 않으며, 오히려 즐겁습니다. 경기를 많이 볼수록 지식이 쌓여서 저의 성장으로 이어지고 있는 것도 항상 실감합니다.

제가 해설자로서 많은 의뢰를 받게 된 가장 큰 이유는 바로 이 '압도적인 지식의 양'이라고 생각합니다. 시간을 아낌없이 투자해 다양한 리그의 경기를 보고 있기에 팀과 선수의 특징을 누구보다 잘 알고 있다고 자부합니다. 물론 잡지나 웹사이트, SNS에서도 정보를 입수하지만, 역시 최대한 많은 경기를 보는 것이 무엇보다 중요합니다. 어떤 분야든 '백문이 불여일견'이 최고의 진리라는 사실은 변함이 없을 것입니다.

해설을 할 때는 압도적인 양의 공부를 통해서 얻은 양 팀의 포메이션과 스타일, 포메이션 또는 스타일 간의 상성, 선수의 특징 등을 활용해 경기중에 일어나는 현상을 말로 알기 쉽게 표현하고자 최대한의 노력을 기울입니다. '왜 지금 이 팀의 하이 프레싱이 먹혀들고 있는가?' '왜 오늘은 공격이 제대로 기능하지 않는가?' '왜 골이 만들어졌는가?' 등 국면이나 구조에 관한 이야기를 최대한 이해하기 쉽게 설명하려고 의식합니다. 어떤 현상의 '왜?'를 알면 축구를 좀더 깊이 이해할 수 있게 되며, 이 '왜?'를 빠르고 명확하게 말로 표현할 수 있는 것이 해설자로서 저의 큰 강점이라고 생각합니다.

또한 저는 해설 도중에 이런 전술적인 내용뿐만 아니라 선수들의 사생활을 포함한 단편 지식에 관해서도 이야기할 수 있도록 최대한 입수해놓습니다. "○○선수는 패션 감각이 참 뛰어나지요." "얼마 전에 ○○선수가 아빠가 되었더군요." "○○선수에게 새로운 여자 친구가 생겼는데, 굉장한 미녀 모델입니다" 등 경기장 밖의 이야기를 적절한 타이밍에 끼워 넣는 것입니다.

열렬한 팬이 아니면 알지 못하는 그런 정보를 요소요소에서 소개하기에 각 클럽의 팬에게 '하야시 료헤이는 우리 편이구나'라는 이미지가 형성된 듯합니다. 특히 아스널의 경기 해설을 많이 했던 시기에는 "혹시 구너(아스널의 팬을 의미하는 말) 아니야?"라는 말을 자주 들었습니다. 사실 특별히 응원하는 팀이 있지는 않지만, 그만큼 단편 지식이 높게 평가받고 있다는 방증이기에 그저 기쁠 따름입니다.

요컨대 저의 이상은 전술이나 스타일은 물론이고 양 팀의 포메이션의 상성, 선수의 특징이나 축구 철학, 최근의 컨디션이나 전적, 단편 지식을 전부 최고 수준으로 이야기할 수 있을 뿐만 아니라 프로 선수 출신다운 관점, 그리고 축구 팬의 열정도 겸비한 해설자입니다. 그런 해설자가 되기 위해 매일 공부하고 있으며, 그 노력이 실제로 좋은 평가를 받아 빅 매치를 담당하게 된 것을 기쁘게 생각합니다.

여담이지만, 저는 팀으로서의 '의도'가 명확한 팀을 좋아합니다. 축구는 '개인'에 의존해도 어느 정도 성적을 낼 수 있지만 '조직'으로 조합하면 경기력이 몇 곱절로 상승하는 스포츠입니다. 그렇기에 역시 전술적인 노림수가 명확한 팀일수록 선수의 개성도 잘 드러나고, 깊게 분석하기도 쉬우며, 경기를 보는 것도 즐겁습니다.

가령 2023-2024시즌에는 미토마 가오루가 소속되어 있는 프리미어리그의 브라이튼, 라리가의 지로나, 에레디비시(네덜란드 축구 리그)의 페예노르트가 저를 매혹시켰습니다. 브라이튼의 감독인 로베르토 데 제르비, 지로나의 감독인 미첼 산체스, 페예노르트의 감독인 아르네 슬롯은 개성적인 전술 속에서 선수의 개성도 충분히 활용하며 매력적인 축구를 전개했습니다. 그들의 축구를 보면서 감독으로서도, 또 해설자로서도 매우 많은 것을 배웠습니다.

축구를 보는 방법은 사람마다 다양하다고 생각합니다. 팀에 중점을 둬도 되고, 선수나 전술, 테크닉에 중점을 둬도 됩

2021년 1월부터 2023년 12월까지 감독을 맡았던 도쿄대학교 축구부에서의 모습입니다.

해외축구는 일본 시각으로 심야에 경기가 있을 때도 많지만, 농담도 섞어가며 열정적으로 해설합니다.

니다. 어떻게 즐길지는 자유입니다. 다만 이 책을 읽고 '축구 경기를 보는 힘'을 키운다면 축구를 더욱 깊이 알게 되어 전보다 더 축구가 재미있어질 것입니다. 가령 지금은 A라는 축구 선수를 주목하면서 경기를 보고 있는 팬도 그 선수가 몸담은 해외 클럽 팀이나 대표팀의 구조와 노림수를 조금이나마 이해한다면 A라는 선수에 대해서도 더욱 깊이 알 수 있게 될 것입니다.

그래서 축구를 보기 위해 알아둬야 할 다양한 요소를 이해하기 쉽게 설명하면서 여러분의 '축구 경기를 보는 힘'을 조금이라도 높여드리고자 합니다. 축구가 더욱 도약하려면 선수와 감독은 물론이고 미디어, 그리고 서포터 여러분의 성장이 반드시 필요합니다. 이 책이 여러분의 성장에 조금이나마 기여한다면 그보다 큰 기쁨은 없을 것입니다.

하야시 료헤이

CHAPTER 1

축구를 재밌게 보기 위한 사전 준비와 마음가짐

> 축구는 단순한 게임이 아니라,
> 감정과 기억의 축적이다.

에릭 칸토나
(맨체스터 유나이티드의 전설적인 공격수)

축구를 더 즐기기 위해 필요한 것은 단순한 규칙 지식만이 아닙니다. 어떤 팀을 응원할지 정하고, SNS나 스카우팅 리포트를 통해 선수와 팀에 대해 미리 알아두는 것만으로도 경기를 보는 재미는 더욱 커집니다.

이 장에서는 축구 관전의 몰입도를 높여주는 몇 가지 사전 준비와 마음가짐을 소개합니다. 경기 전 무엇을 확인해야 할지, 왜 응원팀이 중요한지, 어떻게 하면 경기를 더 생생하게 느낄 수 있는지를 간단히 짚어봅니다. 축구에 익숙한 분은 물론, 처음 접하는 분에게도 유용한 팁이 될 것입니다. 자, 이제 본격적인 관전의 첫걸음을 함께 내디뎌봅시다.

응원팀의 경기를
적어도 주 1회는 봅니다

축구라는 스포츠를 보다 깊게 이해하기 위해서는 무엇이 가장 중요할까요? 역시 '최대한 많은 경기를 보는' 것이라고 할 수 있습니다.

저는 현역 시절부터 해외축구 마니아였기 때문에 해외축구를 한 달에 최소 40경기씩 봤습니다. 그리고 현역 은퇴 후 해설자 겸 감독이 되고 나서는 더 많은 경기를 보게 되었습니다. 해외축구를 해설할 때는 양 팀의 경기를 사전에 최소 5경기씩 살펴보고 있으며, 2023년부터는 인터넷 축구 정보 방송인 'J리그 프리뷰 쇼'에 고정 출연하고 있어 J리그를 볼 기회도 예전보다 더 늘어났으며, 도쿄대학교 축구부의 감독을 맡았을 때는 경쟁 상대 분석을 위해 상대 팀의 경기도 봤습니다.

  이런 식으로 현재는 한 달에 100경기 정도를 보고 있습니다. 일하다가 짬이 날 때는 물론이고 전철이나 택시 등을 타고 이동하는 시간에도 축구 경기를 봅니다. 이만큼 많은 수의 경기를 보고 있기에 현 시점에서는 제가 '일본에서 축구 경기를 제일 많이 보는 해설자'라고 감히 생각합니다.

  앞으로 해외축구를 보려고 생각하는 사람에게는 먼저 '응원팀'을 만들 것을 권합니다. 계기는 무엇이든 상관없다고 생각합니다. 좋아하는 선수가 있다거나, 좋아하는 감독이 있다거나, 팀 컬러가 멋지다거나, 강해 보여서 왠지 마음에 든다거나, 그 어떤 사소한 이유라도 좋습니다. 어떤 이유로든 계속해서 경기를 보면 좋은 팀인지 나쁜 팀인지도 알 수 있고, 애착심이 생길 가능성도 커집니다.

  축구를 좋아한다면, 아무리 적어도 '주 1회'의 빈도로 응원팀의 경기를 보길 바랍니다. "계속은 힘"이라는 말이 있듯이, 점차 응원팀의 특징을 알게 되는 것은 물론이고 '축구 경기를 보는 눈'이 길러집니다. 직접 축구를 할 때뿐만 아니라 축구 경기를 볼 때도 훈련이 중요해서, 주 1회의 빈도로 계속해서 축구 경기를 보면 틀림없이 축구관이 달라질 것입니다.

해외축구는 일본 시각으로 심야에 시작하는 경우도 많기 때문에 생활 패턴이 어긋나 생중계를 시청하기가 어려운 분도 있을 것입니다. 그런 경우에는 나중에 '다시보기'로 봐도 상관없습니다. 어쨌든 응원팀의 경기를 '주 1회'의 빈도로 계속 시청하길 바랍니다.

스카우팅 리포트를
최대한 활용합니다

경기를 많이 보는 것이 가장 중요하지만 사전 준비로 잡지, 웹사이트, SNS 등에서 정보를 모으는 것도 중요합니다. 특히 시즌 개막 직전에 발매되는 스카우팅 리포트는 해외축구를 볼 때 필수 아이템입니다. 가령 저는 제가 칼럼을 연재하고 있는 〈월드 사커 다이제스트〉와 〈엘 골라소〉의 유럽리그 선수 스카우팅 리포트를 매 시즌마다 소장용과 휴대용으로 2권씩 구입합니다.

스카우팅 리포트는 그야말로 정보의 보물 창고입니다. 먼저 이름을 읽는 법, 국적, 키·몸무게(저는 선수들의 신체 사이즈도

〈월드 사커 다이제스트〉와 〈엘 골라소〉의 스카우팅 리포트를 주로 애용합니다.

대략적으로 머릿속에 넣어두고 있습니다) 같은 기본 정보를 알 수 있습니다. 전부 기억하기는 어렵겠지만, 이름과 얼굴, 포지션을 한 묶음으로 기억해둘 것을 권합니다. 이 세 가지만 머릿속에 넣어 두면 경기를 볼 때 선수의 포지션을 즉시 알 수 있으며, 팀 전체의 배치(포메이션)도 이해하기 쉬워집니다.

또한 스카우팅 리포트에는 기본적인 정보 외에 플레이 스타일 등도 적혀 있습니다. 가령 '폭발적인 스피드가 무기지만, 결정력이 과제'라고 소개된 선수가 있다고 가정하죠. 그 선수가 실제 경기중에 드리블로 상대 팀의 수비를 돌파한 뒤 어처구니없는 슛을 해서 결정적인 득점 기회를 놓쳤다면, '아하, 스카우팅 리포트에 적혀 있었던 게 바로 저런 의미구나'라는 생각이 들 것입니다. 이런 경험이 점차 쌓여서 축구 지식이 되어갑니다.

유럽축구 초보자는 처음에 다채롭고 방대한 정보량에 질려버릴지도 모릅니다. 가령 프리미어리그의 경우, 20개 클럽에 각각 25명 정도의 선수가 소속되어 있기 때문에 단순 계산으로 약 500명이나 되는 선수가 뛰고 있으며, 전 세계에서 선수들이 모여들기 때문에 국적도 매우 다양합니다. 그 선수 전원을 단번에 기억하는 것은 아무래도 무리가 있지만, 먼저 자신이 응원할 팀에 소속된 선수들의 정보를 외운 다음 서서히 상대 팀 선수들의 특징도 외워나가도록 합시다.

선수의 SNS는
정보의 보물 창고입니다

웹사이트나 SNS에서는 최신 정보를 입수할 수 있습니다. 팀이나 리그, 미디어의 공식 계정에서는 부상, 이적, 출장 정지 등의 정보를 알 수 있고, 선수의 SNS에서는 사생활에 관한 이야깃거리도 입수할 수 있습니다. 그러므로 응원팀 선수의 SNS 계정은 팔로우하는 편이 좋습니다.

제가 자주 보는 인스타그램 계정은 다음과 같습니다.

- 후벵 디아스(@rubendias): 늘 멋진 사진을 올립니다. 남자인 저도 반할 만큼 잘생겼습니다.

- 즐라탄 이브라히모비치(@ibra_official): 단어 선택이 세련되어서, 글이 짧고 센스가 넘칩니다.
- 티아고 실바(@thiagosilva): 사진을 선택하는 센스가 좋고, 표현이 시적입니다.
- 앙투안 그리즈만(@antogriezmann): 축구 외에 일상, 가족 등 정보를 생동감 있게 제공합니다.

영상이나 스카우팅 리포트, 웹사이트, SNS를 통해서 다양한 지식을 쌓아나가면 서서히 팀이나 선수의 컨디션을 알 수 있게 됩니다. 저도 이제는 이런 매체들을 통해 킥오프* 후 5~10분 사이에 선수의 컨디션과 팀의 노림수를 알 수 있게 되었습니다.

이러한 사전 준비는 해설자에게 매우 중요한 부분이며, 팬 여러분도 응원팀에 관한 지식이 풍부해질수록 더욱 재밌게 경기를 볼 수 있을 것입니다.

> **킥오프(Kick-off)**
> 전후반 경기의 시작 또는 득점이 일어난 후 경기를 재개할 때 경기장 중앙의 센터마크(center mark)에 볼을 놓고 주심의 휘슬이 울림과 동시에 볼을 차는 것을 의미합니다.

경기가 시작되기 전에
미리 파악해야 할 것들

경기 전에 해야 할 일은 먼저 그 경기의 '위상'을 머릿속에 넣어두는 것입니다. 팬들도 감독이나 선수와 마찬가지로 경기의 중요성과 분위기를 이해하며 마음가짐을 준비해야 합니다. 어떤 경기인지에 따라 응원의 방식이나 기대감도 달라지기 때문입니다. 리그의 경우도 개막전인가, 라이벌과의 더비* 인가, 우승이 걸린 경기인가 등에 따라 팀의 집중도나 전술이 자연스럽게 변화합니다. 물론 국내 컵 대회나 유럽 컵 대회라면 또 상황이 달라집니다. 가령 잉글랜드의 상위 팀은 한 시즌에 다음과 같은 네 가지 대회를 치릅니다.

> **더비(Derby)**
> 같은 지역이나 오랜 라이벌 관계에 있는 두 팀 간의 경기를 의미합니다. 지역적 자존심과 역사적 감정이 얽혀 있어, 순위와 상관없이 치열한 승부가 펼쳐지는 것이 특징입니다.

- 국내 리그: 프리미어리그(EPL)
- 국내 컵 대회: FA컵, 카라바오컵(EFL컵) 대회에 모두 참가합니다.
- 유럽 컵 대회: 기본적으로 챔피언스리그(CL), 유로파리그(EL), UEFA 컨퍼런스리그(UECL) 중 한 대회에 참가합니다.

이 점을 이해하면서, 먼저 킥오프 1시간 전쯤에 발표되는 선발 명단을 파악합니다. 또한 이때 주의해야 할 점이 있습니다. '항상 최고의 멤버로 선발 라인업이 구성되지만은 않는다'는 것입니다. 가령 팀의 일정이 '① 프리미어리그의 빅 매치 → ② FA컵의 하부리그 클럽과의 경기 → ③ 프리미어리그의 하위 팀과의 경기 → ④ 챔피언스리그의 빅 매치'라면, ②와 ③에서는 주력 선수 몇 명을 쉬게 하는 경우도 있습니다. 이것도 앞에서 이야기했듯이 경기의 위상을 확실히 알아둬야 하는 이유 중 하나입니다.

해설을 할 때, 저는 선발 명단이 발표된 시점에 한 번 더 저의 축구 노트나 스카우팅 리포트, SNS를 보며 양 팀의 정보를 머릿속에 집어넣습니다. 그런 다음 경기가 어떻게 전개될지 상상하면서 질적인 우위성, 나아가 포메이션의 상성 등을 머릿속에 그립니다. 시청자 여러분 또한 아직 경기가 시작되지 않은 이 시점에서부터 축구를 즐길 수 있을 것입니다. 가령 A팀의 팬도 상대인 B팀의 정보를 머릿속에 넣어두면 경기 전체의 이미지를 떠올리는 데 도움이 됩니다. 이를테면 '우리 팀(A팀)의 라이트백(우측 풀백)은 발이 느린데 B팀의 레프트윙(좌측 윙어)은 발이 빠르단 말이지. 고전할지도 모르겠는걸.' 하며 시뮬레이션을 할 수 있습니다.

또한 경기 전에 팀의 근황이나 순위를 파악해놓는 것도 중요합니다. 팀의 상황에 따라 경기에 대한 접근법이 달라지기 때문입니다. 반드시 승리해서 승점 3점을 보태야 하는 경기일 수도 있고, 무승부로 승점 1점만 확보해도 대만족인 경기일 수도 있습니다. 이 점만 이해하면 'A팀으로서는 승점 1만 확보해도 되는 상황이니까 리스크가 적은 수비적인 축구를 할지도 몰라'라고 예측·이해할 수 있으며, 그러면 실제로 경기를 볼 때 '수비만 해서 재미가 없네'라고 생각하지 않게 될 것입니다. 경기 상황에 대해 깊이 이해할 수 있게 되면 축구를 더욱 즐길 수 있기에 저는 '축구에 따분한 경기는 없다'고 생각합니다.

경기 전에 선수들이 정렬할 때 제가 주의 깊게 보는 부분은 주로 선수의 표정입니다. 선수의 표정을 계속해서 보다 보면 현재 얼마나 투지를 불태우고 있는지 알 수 있으며, '어? 헤어스타일이 바뀌었네?' 하며 변화도 알게 됩니다. 또한 상대 팀 선수와 인사할 때 예전 팀 동료라든가 사이가 친한 선수와는 포옹이 격렬해지기도 하므로, 그런 부분에도 주목하면 재밌을 것입니다.

유럽축구에서는 관중석에 앉아 있는 클럽의 구단주나 스포츠 디렉터, 은퇴한 팀 레전드, 선수의 가족 등이 경기 전이나 경기 도중에 카메라에 잡히는(찍히는) 경우가 있습니다. 이들에 대한 지식도 사전에 미리 가지고 있으면 '어, 오늘은 ○○이 경기를 보러 왔구나.' '○○ 선수의 부인이네. 안고 있는 아이는 큰아들이구나. 인스타그램에서 봤어' 하며 주변 상황에 대한 것도 깨닫게 되므로 부차적으로도 중계를 즐길 수 있습니다. 이런 것까지 알 수 있게 되었다면 당신은 훌륭한 유럽축구 마니아라고 할 수 있습니다.

CHAPTER 2

시간대별로 짚어보는 90분 경기의 관전 포인트

"
축구는 순간의 스포츠가 아니다.
그 순간이 만들어지기까지의 이야기다.
"

요한 크루이프
(바르셀로나와 아약스의 상징적 인물)

축구는 야구나 농구와는 달리 흐름이 거의 끊기지 않는 스포츠입니다. 공이 움직이는 동안, 선수와 전술, 공간이 끊임없이 변화하고 충돌합니다. 그래서 단 한 장면으로도 경기의 전체 흐름이 바뀔 수 있는 것이 축구의 묘미입니다.

이 장에서는 90분 경기에서 꼭 주목해야 할 핵심 포인트들을 시간대별로 정리해보았습니다. 변화의 순간을 놓치지 않기 위한 관점, 그리고 그 흐름을 읽는 눈을 함께 길러봅니다. 이를 통해 축구 경기가 더욱 입체적이고 흥미롭게 다가올 것입니다.

초기 배치와 팀의 공격성을
킥오프 때 파악합니다

'초기 배치'와 '팀의 공격성'에 일단 주목합니다

킥오프를 할 때 먼저 확인해야 할 것은 '초기 배치'입니다. '양 팀의 기본 포메이션*이 4-3-3인가, 4-2-3-1인가, 3-4-2-1 인가' 같은 부분을 보면 됩니다.

약 20년 전에는 초기 배치만 알아도 충분했는데, 최근의 정상급 팀은 대부분 공격할 때와 수비할 때 각각 포메이션을 변경합니다. 그래서 '기본 포메이션'이라는 개념 자체의 의의가 희박해지고 있지만, 어떤 팀이든 어떤 감독이든 기반으로 삼

> **포메이션(Formation)**
> 축구에서 선수들이 경기장에 배치되는 기본적인 전술 구조를 말합니다. 수비, 미드필더, 공격수의 수와 위치를 조합해 팀의 전략과 스타일을 반영하며, 대표적으로 4-4-2, 4-3-3, 3-5-2 같은 형태가 있습니다.

는 포메이션이 반드시 존재하므로 초기 배치는 확실히 파악해두는 것이 좋습니다.

저는 선발 멤버를 확인한 시점에 양 팀의 초기 배치와 공수 시의 포메이션 변화를 대략적으로 예측할 수 있습니다. 다만 상황이나 상대에 따라 배치를 바꾸는 감독도 많기 때문에 실제로 경기가 시작된 뒤에 나의 예상이 얼마나 맞았는지 답안지를 맞춰보듯이 확인합니다.

'이 멤버라면 초기 배치가 4-3-3, 공격할 때는 3-2-5, 수비할 때는 4-4-2겠군'이라고 생각했는데 공수 시에 다른 포메이션을 사용하거나 포메이션을 바꾸는 방식이 다를 때가 있습니다. 그럴 때면 '어, 오늘은 이런 식으로 하는 건가?' '그렇군. 이런 방식도 있었어'와 같이 새로운 발견을 하게 되므로, 특히 킥오프 후 5분 정도는 선수 배치에 주의하며 경기를 볼 것을 권합니다.

[실제 사례] 2023-2024시즌 맨체스터 시티의 초기·공격 시·수비 시의 배치

초기 배치 (4-2-3-1)

공격 시 배치A (3-2-5)

공격 시 배치B (3-1-5-1)

수비 시 배치A (4-4-2)

수비 시 배치B (4-3-3)

> **빌드업(Build-up)**
> 수비 지역에서부터 조직적으로 패스를 이어가며 공격을 전개하는 과정입니다. 단순히 공을 전방으로 보내는 것이 아니라, 공의 점유를 유지하며 공간을 만들고 상대 수비를 흔드는 전략적 움직임을 포함합니다.

킥오프 후 약 5분 사이에 제가 항상 신경 써서 지켜보는 또 한 가지는 '팀의 공격성'입니다. 이 공격성을 보여주는 가장 큰 지표는 바로 수비할 때의 움직임입니다. 구체적으로는 '상대의 빌드업*에 대한 압박의 높이(하이 프레싱인가, 미들 프레싱인가, 혹은 철저한 블록 수비인가)라든가 압박을 거는 방식(선수 기준인가, 지역 기준인가), 네거티브 트랜지션('공격 → 수비'의 전환) 시에 즉시 공을 되찾으려 하는 것과 후퇴하며 수비하는 것 중 어느 쪽을 우선하는가' 등을 말합니다.

이런 요소들은 경기의 초반부터 팀의 경기 의지와 스타일을 가늠할 수 있는 중요한 신호입니다. 특히 최근 축구에서는 빠른 압박과 즉각적인 공 탈취가 경기의 흐름을 좌우하는 핵심 전략이 되었습니다. 따라서 이 부분을 주의 깊게 관찰하면 팀의 전술적 성공 여부를 예측하는 데 큰 도움이 됩니다. 이 부분을 이해하면 축구를 더욱 논리적으로 이해할 수 있으며,

지금 무엇이 기능하고 있고 무엇이 기능하지 않고 있는지도 알 수 있으니 꼭 확인하길 바랍니다.

이어 '네 가지 국면에서의 움직임'에 주목합니다

'선수 배치'와 '공격성' 다음으로 확인해야 할 것은 '네 가지 국면에서의 움직임'입니다. 킥오프 후 10분 동안은 이 움직임에 주목해야 합니다.

축구라는 스포츠에는 기본적으로 다음과 같은 네 가지 국면이 있습니다.

- 공격: 목적은 공을 앞으로 운반해서 공을 찰 기회를 만들어 골을 넣는 것입니다.
- '공격 → 수비'의 전환(네거티브 트랜지션): 목적은 빠르게 공을 다시 빼앗거나 상대의 공격을 늦추는 것입니다.
- 수비: 목적은 상대의 공격을 저지하고 공을 빼앗아 실점을 막는 것입니다.
- '수비 → 공격'의 전환(포지티브 트랜지션): 목적은 공격 태세를 정비하고 상대의 수비 전열이 정비

되기 전에 공을 앞으로 운반해서 골을 넣는 것입니다.

킥오프 후 10분 정도가 경과하면 이 네 가지 국면에 대한 팀의 기본적인 원칙이나 노림수를 대략적으로 파악할 수 있습니다. 저는 가령 공격을 볼 때 '골키퍼를 사용해 후방에서부터 착실하게 빌드업하는 방식'과 '길게 패스하는 롱볼 전술을 구사하면서 세로로 빠르게 공격하는 방식' 중 어느 쪽을 중시하고 있으며 그것이 얼마나 기능하고 있는지에 주목합니다. 특히 해외축구는 이 부분의 의도가 명확하며, 게다가 굉장히 세련되게 구사하는 까닭에 텔레비전으로만 봐도 매우 재밌습니다. 부디 여러분도 이 부분을 의식해보길 바랍니다.

'포메이션의 상성'도 확인해야 합니다

그리고 어느 정도 시간이 흐르면 양 팀이 사용하고 있는 포메이션의 상성도 보이기 시작합니다. 앞에서 설명한 '초기·공격 시·수비 시의 포메이션'이 제대로 기능하고 있느냐, 그렇지 못하냐'가 보이게 되는 것입니다.

가령 A팀이 중원의 센터서클 부근에 세 명을 배치했는데 B

팀은 같은 지역에 두 명만 배치했다면, 보통은 수적으로 우세한 A팀이 중원을 지배하는 구도가 됩니다. 이런 상황이 발생했을 경우, B팀에는 다음과 같은 선택지가 있습니다.

① 그 상황을 받아들이고 플레이한다.
② 전방이나 최종 라인에서의 한 명을 중원에 투입해 대응하는 정도의 미세 조정만 한다.
③ 선수 배치를 크게 바꾼다.

물론 B팀이 이 가운데 반드시 한 가지만을 선택하는 것은 아닙니다. 처음에는 ①을 선택했다가, 역시 경기가 답답해지니 ②로 전환하고, 그래도 경기의 전개에 변화가 없자 다시 ③으로 전환하는 식으로 선택을 바꿀 때도 있습니다.

이때 주목해야 할 점은, 이 팀적인 포메이션의 상성이 개인의 경기력과도 직결된다는 것입니다. 가령 B팀의 미드필더 진의 움직임이 좋지 않아 보인다면, 중원에서 A팀보다 수적으로 불리한 탓에 커버 범위가 넓어졌기 때문일 수도 있습니다. 저는 해설할 때 이런 부분도 굉장히 의식해서, "지금 B팀의 ○○선수는 선수 배치상 혼자서 두 명을 상대해야 하는 굉장히 힘든 상황에 놓여 있습니다. 선수 배치를 바꾸지 않으면

조만간 이 공간에 커다란 구멍이 뚫릴 수도 있어요"라는 식으로 최대한 적절한 말로 표현하고자 노력합니다.

이런 세세한 부분은 축구를 어느 정도 알고 있어야 이해가 되는 부분이기는 하지만, 이 '포메이션의 상성'은 정말로 중요합니다. 2022년의 카타르 월드컵에서도 일본 대표팀의 구보 다케후사는 독일전을 마친 뒤 "전반전에는 (포메이션적으로) 우리의 방식과 상대의 방식이 맞지 않아서 고전했지만, 후반전에는 반대로 상대가 우리의 5백에 당황했다고 생각합니다. 포메이션의 중요성을 새삼 느꼈습니다"라고 말했습니다.

이처럼 '포메이션'과 관련된 온갖 사항은 축구를 더욱 깊이 관전하기 위해 없어서는 안 될 요소이며, 축구는 '팀=개인'이라는 원칙도 이해될 것입니다. 그러니 부디 여러분도 포메이션을 주의 깊게 살펴보길 바랍니다.

지금까지 살펴본 것처럼, 경기 전반전에 주로 확인해야 할 것은 '선수 배치, 공격성, 네 가지 국면에서의 노림수와 기능성, 포메이션의 상성'입니다. 어떤 시점에 스코어가 움직이느냐에 따라서도 경기의 흐름이 달라지기는 하지만, 이 네 가지만 확인해놓으면 경기의 대략적인 흐름이나 팀 간의 우위성, 힘의 관계 등을 이해할 수 있을 것입니다.

전반전 후의 하프타임에는 '스탯'을 꼭 확인합니다

하프타임에 들어갔을 때 제가 반드시 확인하는 것은 '스탯(선수나 팀의 각종 기록과 수치)'입니다. 볼 점유율*, 패스 성공률, 슈팅 횟수, 수비 관련(태클 횟수, 클리어 횟수), 옐로카드의 수 등이 그것입니다.

최근에는 어떤 리그든 공식 사이트나 통계 사이트 등에서 실시간으로 최신 스탯을 제공하고 있어 정보를 확인하기가 참으로 편리합니다. 저는 스탯에 나와 있는 숫자와 제가 받은 인상을 조합해서 전반전을 종합적으로 평가합니다.

그런 다음에는 앞에서도 이야기했던 네 가지 국면(50페이지

> **볼 점유율(Possession)**
> 축구 경기 시간 동안 한 팀이 공을 소유하고 있는 비율을 의미합니다. 일반적으로 패스와 빌드업 중심의 전술을 쓰는 팀일수록 높은 점유율을 기록하며, 경기의 흐름을 주도하고 있는 팀을 확인하는 지표로 활용됩니다.

참조)이 얼마나 잘 기능했는지, 벤치에 어떤 카드(후보 선수)가 갖춰져 있는지 등을 재확인합니다. 경기를 해설할 때는 그런 정보를 바탕으로 감독이 다음에 어떤 수를 쓸지 예측해 후반전의 경기 전망을 이야기합니다. 예를 들면 다음과 같은 식으로 이야기합니다.

"A팀은 중원의 수적 우위를 효과적으로 활용해 전반전에 60퍼센트의 볼 점유율을 기록하는 등 게임을 전반적으로 지배했지만, 그러면서도 단 2회의 슈팅밖에 기록하지 못했습니다. 상대 문전의 마지막 30미터에서 플레이의 세밀함과 연계성이 부족했기 때문인데, 그래서 어떤 시점에 포워드를 교체할지도 모르겠네요."

"B팀은 점유율 축구를 하는 팀임에도 전반전의 볼 점유율은 40퍼센트에 불과했습니다. 중원에서 수적으로 열세일 때가 많아서였지요. 그래서 아마도 후반전에는 포메이션을 바꾸거나 수비수의 수를 줄이고 미드필더를 투입하지 않을까 싶습니다."

경기를 보는 축구 팬 여러분도 하프타임이 되면 컴퓨터나 스마트폰 등을 이용해서 스탯과 벤치의 카드를 대략적으로 확인해보길 바랍니다. 응원팀이 전반전에 경기를 어떻게 했는지를 큰 틀에서 파악할 수 있으며, 교체 카드를 포함해서 후반전의 전개를 예측하기가 쉬워질 것입니다.

역전 승리를 통해 보는 '선수 교체'의 중요성

선수 교체는 현대 축구에서 그 중요성이 점점 높아지고 있습니다. 교체 가능 인원은 최대 세 명이었던 것이 코로나 팬데믹 이후 다섯 명으로 늘어났습니다(코로나 팬데믹이 시작된 2020년부터 각국의 리그에서 단계적으로 도입했고, 2022년에 국제축구평의회(IFAB)가 정식 규칙으로 제정했습니다).

이러한 변경은 축구 자체를 크게 변화시켰습니다. 과거에는 예를 들면 하프타임, 60분, 80분에 한 명씩 교체 카드를 사용하는 것이 기본이었는데, 지금은 2~3인 동시 교체 같은 과감한 조치가 가능해졌습니다. 포메이션이나 전술을 단번에 바꿔 '게임 체인지'를 할 수 있게 된 것입니다.

좋은 예가 2022년 카타르 월드컵의 일본 대 스페인 경기입니다. 전반전에서 일본은 포메이션의 상성도 좋지 않은 데다가 선수 개개인의 플레이에서도 압도당해, 11분에 선제골을 허용하는 등 스페인에게 경기를 완전히 지배당했습니다. 이 흐름을 본 일본 대표팀의 모리야스 하지메 감독은 후반전이 시작되자 미토마 가오루와 도안 리쓰라는 두 공격수를 투입했으며, 3-4-2-1이라는 초기 포메이션을 유지하되 압박이 시작되는 지점을 앞으로 당기는 등 공격적인 자세를 드러냈습니다. 명백히 '게임 체인지'를 할 수 있게 되었던 것입니다.

그 결과 48분에 도안이 동점 골을 넣었고, 51분에는 미토마가 멋진 어시스트(일본에서는 '미토마의 1밀리미터'라고 불리며 엄청난 화제가 되었습니다)를 해서 다나카 아오의 역전 골을 이끌어냈습니다. 경기 도중에 동시 투입된 두 명이 결정적인 활약을 한 것입니다. 그리고 역전한 뒤에는 다시 전체적인 라인을 내리는 수비적인 전법으로 전환했으며, 62분에 투입한 아사노 다쿠마와 69분에 투입한 도미야스 다케히로, 87분에 투입한 엔도 와타루가 수비로 크게 활약해 역전 승리를 거두는 데 공헌했습니다.

교체 가능 인원이 세 명인 시대였다면 이후의 전개도 생각해야 하는 모리야스 감독으로서는 하프타임에 미토마와 도안을 동시 투입하는 선택을 하기가 어려웠을 것이며, 아사노, 도미야스, 엔도를 포함한 교체 인원 전원을 활용할 수 없었을 것입니다. 즉 5인 교체 시대이기에 가능한 경기 전개였습니다. 이처럼 교체 카드를 어떻게 활용하느냐에 따라 크게 게임 체인지를 할 수 있는 것이 현대 축구이므로, 후반전 초반의 선수 교체와 전술 변화를 유심히 확인해야 합니다.

'상대에 대한 대응'을 의식하며 후반전을 봅니다

하프타임이 끝나고 드디어 후반전이 시작되면 '전반전에 확인했던 선수 배치, 공격성, 네 가지 국면, 포메이션의 상성이 어떻게 변화했는가'를 먼저 확인해야 합니다. 이기고 있는 팀은 무리할 필요가 없으므로 전체적인 무게 중심을 조금 내리는 경우도 있기 때문에, 그런 부분의 균형도 주의 깊게 살펴볼 수 있습니다.

해설자로서는 하프타임에 감독이 선수들에게 어떤 지시를 했을지 예측하며 변화된 부분을 더 많이 이야기하려고 노력합니다. "풀백이 전반전보다는 좀더 빠른 타이밍에 올라가네요." "선수 배치에 변화가 있네요." "압박의 출발점이 바뀌었군요." "수비의 기본 구조가 대인 우선에서 지역 우선으로 바뀌었습니다." "교체 선수가 공격형 미드필더의 위치에 들어갔군요." 같은 이야기를 실제로도 자주 합니다. 전반전과 후반전은 세세한 측면에서도 변화가 생기는 경우가 많으니 축구 팬 여러분도 이러한 변화들을 더 많이 깨달을 수 있게 되었으면 합니다.

또한 후반전은 당연히 전반전을 치른 뒤에 맞이하므로 '상대에 대한 대응'이 전술적인 움직임에 크게 반영됩니다. 전반전에 수비를 할 때 센터백 두 명이 상대의 투톱을 막는 데 애를 먹었다면 풀백이 중앙으로 이동하는 빈도를 높인다거나, 상대의 풀백이 높은 위치에 자리를 잡고 있으므로 가급적 윙어를 내려서 압박에 참여시키지 않고 빈 공간에 머물게 하는 것은 자주 볼 수 있는 패턴입니다.

프리미어리그를 예로 들면, 맨체스터 시티의 호셉 과르디

호셉 과르디올라의 하프타임 전술 변화 사례
이 영상은 과르디올라 감독이 하프타임에 맨시티의 전술을 3-2-5에서 3-1-6으로 전환한 실제 사례를 보여줍니다. 전술 변화가 어떻게 공간 창출과 공격 전개에 영향을 주었는지를 시각적으로 분석한 콘텐츠입니다.

올라나 아스널의 미켈 아르테타, 브라이튼의 로베르토 데 제르비 같은 정상급 감독들은 자신만의 절대적인 스타일과 축구 철학을 갖고 있으면서도 전반전이 끝나면 '상대에 대한 대응'을 철저히 궁리해 대책을 마련하거나 미세 조정을 실시합니다. 그래서 그들의 의도를 읽어내는 것은 굉장히 즐거운 일이며, 공부도 됩니다. '아하, 과르디올라는 이 부분을 이렇게 바꿨구나' 하며 감독의 대응법을 발견하는 것은 언제나 즐겁습니다.

60분 전후에 주목할 것은
두 감독의 줄다리기입니다

경기가 후반부에 접어들어 60분 전후가 되면 선발 멤버들에게 많든 적든 피로가 나타납니다. 그래서 양 팀 모두 선수 사이의 간격이 벌어져 빈 공간이 형성되는 경우도 적지 않습니다. 물론 그 시점의 스코어에 따라 차이는 있지만, 이 타이밍에 감독이 어떤 매니지먼트를 하는지는 주목해서 봐야 할 부분입니다.

열세인 팀은 교체 카드를 사용해 공격적인 선수를 투입하는데, 이에 따라 포메이션이나 전술이 어떻게 변화하는지 살펴보면 재밌습니다. 이때는 다소나마 위험을 감수하고 공격할 필요가 있기에 평소에는 원톱을 사용하지만 수비수를 한 명 줄이고 투톱으로 바꾼다거나, 풀백의 위치를 눈에 띄게 끌어올린다거나, 공수에서 전체적인 무게 중심을 앞에 둔다거나 하는 변화가 나타나게 됩니다.

이와 반대로, 이기고 있는 팀은 상대의 '위험을 감수한 승부수'에 대응할 필요가 있습니다. 상대 팀의 센터포워드가 한 명에서 두 명으로 늘어나면 자신들의 수비 진형을 바꾸기도 하는데, 이때 어떻게 원활히 이행하느냐가 중요해집니다. 이런 상황에서는 대체로 감독이나 수비진의 리더가 대응책을 찾아내 선수들에게 지시하며, 그 모습이 중계 카메라에 잡힐 때도 있습니다. 감독이나 수비진의 리더가 선수들에게 지시하는 장면이라든가, 선수들이 손으로 입을 가리고 무엇인가 소곤소곤 이야기를 나누는 장면은 경기 관전에 재미를 더하는 하나의 요소입니다.

양 팀은 '상대에 대한 대응'을 경기가 끝날 때까지 끊임없이 주고받으며, 특히 후반부에는 스코어와 연동해 대응합니다. 저는 해설자로서 그 공방전을 최대한 알기 쉽게 풀어서 설명하고자 노력하고 있습니다. 부디 여러분도 이 부분을 의식하면서 경기를 관전해보길 바랍니다. 틀림없이 축구 경기를 보는 시야가 넓어질 것입니다.

노림수가 얼마나 통했는지
경기 종료 후 확인합니다

경기가 끝나면 서포터 여러분은 당연히 결과에 일희일비할 것입니다. 그러나 저는 해설자라는 위치에 있기에 경기가 끝난 뒤에는 최종적인 스탯을 확인하고 내용을 복기하면서 좋았던 부분과 나빴던 부분을 분석한 다음, 그것을 적절한 말로 표현하고자 노력합니다.

축구는 내용과 결과가 반드시 일치하지는 않는 스포츠입니다. 경기 내용은 별로였지만 이길 때도 있고, 반대로 경기 내용은 좋았는데 질 때도 있습니다. 물론 승리가 가장 큰 목표이기는 하지만, 운이 좋아서 이겼다면 그런 승리가 앞으로도 계속된다는 보장은 없습니다. 따라서 다음 경기를 대비해 팀의 '축구 철학', '네 가지 국면에서의 노림수', 상대에 대한 대응을 의식한 '게임 플랜' 등이 이번 경기에서 얼마나 기능했는지 확인하는 것이 매우 중요합니다.

이는 사실 감독에게 필요한 관점이지만, 저는 서포터도 이런 부분을 이해했으면 좋겠다고 생각합니다. 응원팀의 결과에 감정적이 되어서 '이겼으니 됐어.' '졌으니 못한 거야'라며 극단적인 논리에 빠지기 쉽다는 것은 물론 이해하지만, 냉정하고 객관적인 눈으로도 경기 결과를 들여다봤으면 합니다.

경기 후의 선수 인터뷰나 감독 인터뷰를 볼 때, 저는 먼저 그들의 표정에 주목합니다. 밝은 표정인지 침울한 표정인지 확인하는 것입니다. 유럽에는 심통이 사나운 사람이나 이야기할 때 독특한 표현을 사용하는 사람도 많기 때문에 인터뷰 자체도 하나의 즐길 거리입니다.

감독의 발언을 들을 때는 자신의 생각과 일치하는지 확인해보면 재밌을 것입니다. 가령 '경기력은 좋았어. 득점할 기회도 많았고. 다만 포워드의 슈팅 미스가 많아서 졌을 뿐이야'라고 생각했을 때 감독이 인터뷰에서 "결정력의 차이가 결과로 이어졌습니다. 내용에는 만족합니다"라고 말했다면 같은 감각을 공유하고 있는 셈이기에 기분이 좋아질 것입니다. 경기를 즐기는 하나의 방법으로서 여러분에게 추천합니다.

경기가 끝나면 감독과 선수들의 인터뷰가 나오고, 해외 해설자와 미디어가 다양한 의견과 분석을 내놓습니다. 물론 저도 그런 것들을 살펴보지만, 그것을 하나의 의견으로 받아들이면서도 무작정 믿지 않고 '나 자신의 눈'을 가장 중요하게 생각합니다. 팀이나 선수의 평가는 문자 그대로 십인십색이며, 해설자로 일하고 있는 한 공평한 눈으로 자신의 의견을 분명하게 말로 표현해야 한다고 생각하기 때문입니다. 축구 팬 여러분이 이런 저의 생각에 조금이나마 공감해준다면 기쁠 것 같습니다.

선수 시절의 저는 '눈앞의 상대를 이긴다.' '팀을 승리로 이끈다.' '골을 넣는다' 같은 목표를 머릿속에 집어넣고 경기에 임했습니다. 그래서 솔직히 말하면 당시에는 지금까지 강조한 관점들을 크게 의식하지 못했습니다. 그러나 해설자와 감독으로 일하고 있는 지금은 다릅니다. 사고방식이 180도 바뀌었다고 해도 과언이 아닐 것입니다. 지금은 '포메이션과 그 상성' 그리고 '네 가지 국면의 지향성과 기능성의 중요성'을 매일 실감하고 있습니다. 이 책을 읽고 있는 축구 팬 여러분도 틀림없이 저처럼 생각을 바꿀 수 있을 것입니다.

CHAPTER 3

각 포지션의
주된 역할과
상징적 선수들

"
위대한 팀은 포지션이 아니라
각자의 역할을 이해한 선수들이 만든다.
"

카를로 안첼로티
(레알 마드리드를 수차례 정상으로 이끈 명장)

축구 포지션의 기본적인 역할과 요구되는 능력을 파악해놓으면 각 포지션에서 눈에 띄는 플레이를 하는 선수를 나름대로 찾아낼 수 있게 되며, 경기를 보는 즐거움이 한층 커질 것입니다. 3장에서는 각 포지션의 주된 역할과 그 포지션에서 세계 정상급의 활약을 보이고 있는 선수들을 알아봅니다.

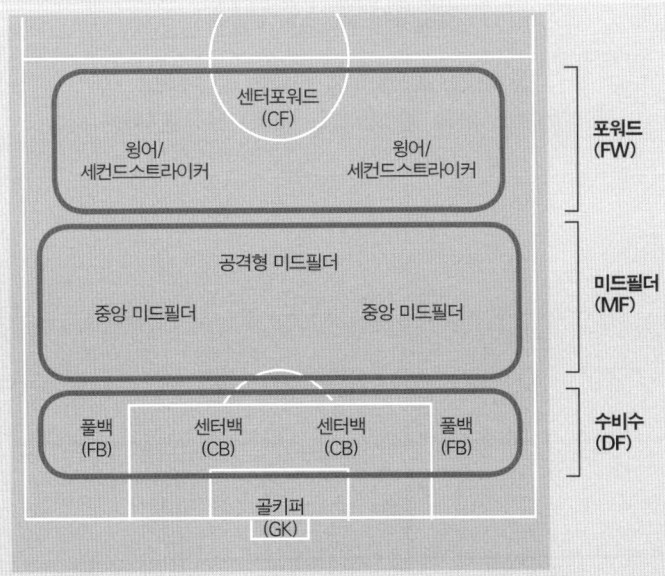

각 포지션의 주된 역할과 상징적 선수들

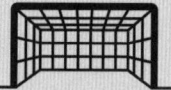

포워드(FW)

**포워드는 최전방에 위치하는 공격수로,
'센터포워드, 윙어, 세컨드스트라이커' 등으로 나뉩니다.**

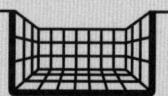

[센터포워드(CF)]
득점뿐 아니라 연계와 압박까지

센터포워드는 득점으로 말합니다

센터포워드에게 가장 요구되는 역할은 뭐니 뭐니 해도 골을 넣는 것입니다. 극단적으로 말해, 89분 동안 거의 지워져 있었더라도(경기에서 공을 거의 만지지 못했더라도) 마지막 1분에 결정적인 골을 넣었다면 센터포워드로서 자신의 역할을 다한 것이라고 생각합니다. 축구는 상대 골문에 골을 넣어 점수를 내지 않는 한 이길 수 없는 스포츠이며, 최전방에 위치한 센터포워드는 그 유일하고 가장 큰 목적을 달성하는 데 절대적으로 중요한 존재이기 때문입니다.

가령 맨체스터 시티는 호셉 과르디올라가 감독을 맡은 2016년 이후로 줄곧 유럽에서 대표적으로 볼 점유율을 자랑하는 팀이었습니다. 다만 센터포워드의 결정력이 조금 아쉬운 까닭에 프리미어리그라면 몰라도 챔피언스리그에서는 우승을 차지하지 못하고 있었는데, 그 문제를 단번에 해결해준 존재가 엘링 홀란드였습니다.

이 괴물 센터포워드는 입단 1년차에 2022-2023시즌에서 공식전 53경기 중 52골을 넣는 대활약을 펼쳤고, 덕분에 맨시티는 그토록 꿈꿨던 챔피언스리그 우승을 포함해 3관왕(트레블)을 달성했습니다. 홀란드는 말 그대로 맨시티의 마지막 퍼즐 조각이었으며, 센터포워드의 역할과 중요성을 새삼 부각시킨 최신 사례가 되었습니다.

저는 그런 홀란드가 현재 세계 최강의 센터포워드라고 생각합니다. '저 패스에 발이 닿는다고?'라는 생각이 들게 하는

엘링 홀란드가 세계 최고의 스트라이커가 된 비결
이 영상은 홀란드가 어떻게 세계 최정상의 공격수가 되었는지를 전술적·신체적 분석을 통해 보여줍니다. 위치 선정, 침투 타이밍, 피니시 능력까지 그의 득점 메커니즘이 어떻게 완성되었는지를 정밀하게 해설합니다.

> **라스트 패스(Last pass)**
> 골을 넣기 직전에 공격수에게 연결되는 결정적인 패스를 말합니다. 득점 장면에서 가장 중요한 역할을 하며, 어시스트로 기록되기도 합니다.

장면이 많은 까닭에 신체 조건과 스피드가 주목 받는 경향이 있지만, 사실은 상당한 두뇌파입니다.

홀란드는 페널티 에어리어 안에서 상대의 수비수와 눈치 싸움을 벌이며 세밀한 움직임을 거듭하는 가운데 라스트 패스*나 흘러나온 공을 골로 연결시키고자 끊임없이 눈을 번뜩입니다. 그런 까닭에 몸이 항상 골대 방향을 향하고 있어서 파 포스트, 니어 포스트, 중앙 등 어디로든 슛을 쏠 수 있습니다. 요컨대 준비와 예측이 완벽한 것입니다.

여러분도 경기를 볼 때 한 번쯤은 홀란드의 움직임에 주목해보길 바랍니다. 그가 얼마나 영리하게 움직이는지 알 수 있을 것입니다.

홀란드에게서는 집중력의 중요성도 배울 수 있습니다. 특히 그는 이른바 클래식한 9번* 유형으로, 경기중의 볼 터치 횟수는 대부분의 경기에서 팀 최하위입니다. 그럼에도 세계

> **클래식한 9번(Classic No.9)**
> '9번'이라는 표현은 축구에서 선수를 등번호로 구분하던 전통적인 포지션 체계에서 유래한 것입니다. 과거 2~11번까지의 번호가 특정 포지션에 고정되어 있었는데, 9번은 중앙 공격수(스트라이커)였습니다. 이 전통이 지금도 이어져 9번은 골잡이의 상징으로 쓰이고 있습니다.

최고의 골 결정률을 자랑한다는 사실은 그가 공을 소유하지 않은 상황(오프 더 볼)에서도 집중력을 잃지 않고 플레이한다는 가장 큰 증거입니다.

저도 현역 시절의 포지션이 센터포워드였기에 너무나 잘 아는데, 축구에서 가장 큰 즐거움이자 기쁨인 '공을 찬다'라는 행위를 극도로 제한 당하는 가운데 집중력을 유지하는 것은 말처럼 간단한 일이 아닙니다. 공이 자신에게 오지 않으면 초조해하고 짜증을 내는 센터포워드가 많은 가운데, 그런 상황에서도 태연함을 유지하는 홀란드의 표정도 주목해서 볼 가치가 있습니다.

공을 만지지 못할 때도 그렇지만, 모처럼의 슛이 빗나갔을 때의 표정을 보더라도 홀란드가 걸출한 멘탈의 소유자임을 알 수 있습니다. 센터포워드는 팀 최대의 피니셔가 되는 경우가 대부분이기 때문에 압박감도 상당히 강합니다. 하지만 골 결정률이 100퍼센트인 선수는 동서고금을 막론하고 단 한 명도 존재하지 않습니다.

실제로 2022-2023시즌의 프리미어리그에서 홀란드는 리그 신기록인 36골을 기록했지만, 한편으로는 결정적인 기회를 놓친 횟수도 28회로 리그 최다였습니다. 수많은 골의 이면에는 수많은 실패가 있었던 것입니다. 실패로부터 배우면서 두려움 없이 도전을 계속하는 것이 중요한데, 저는 홀란드가 그런 센터포워드의 진리를 잘 이해하고 실제 플레이를 통해 구현하고 있다고 생각합니다.

다양한 역할을 담당하는 '가짜 9번'적인 요소

앞에서 이야기했듯이 홀란드는 골을 넣는 데 특화한 센터포워드로, 현대 축구에서는 희소한 존재입니다. 전술이 진화함에 따라 요즘은 다양한 역할을 담당하는 센터포워드가 오히려 더 많습니다. 특히 최근에는 빌드업의 출구가 되면서도 상황에 따라서는 중원이나 측면으로 이동해 공격 전개 단계에서부터 공격에 관여하는 유형이 늘어났습니다. 카림 벤제마(알이티하드)나 로베르트 레반도프스키(바르셀로나), 그리고 해리 케인(바이에른 뮌헨) 등이 이 방면에서 현대의 최고봉이며, 실제로 그들은 골뿐만 아니라 어시스트도 안정적으로 기록하고 있습니다.

이른바 '가짜 9번'적인 요소도 지닌 이런 센터포워드는 팀의 공격력에 매우 큰 영향을 끼칩니다. 가령 2022-2023시즌의 바이에른 뮌헨은 에이스인 레반도프스키가 팀을 떠난 영향으로 팀의 공격 자체가 박력과 다양성을 많이 잃었습니다. 그래서 2023-2024시즌을 앞두고 같은 유형의 동급 선수인 토트넘의 해리 케인을 영입했습니다. 개인적으로는 굉장히 수긍이 가는 보강이었습니다.

팀의 전술에 따라서는 포스트 플레이*도 센터포워드에게 매우 중요한 임무입니다. 경기의 흐름이나 동료와 상대 수비수의 배치를 파악하고 좋은 타이밍에 헤딩 등으로 근처의 동료에게 공을 보내 결정적인 기회를 만들어낸다는 의미에서는 올리비에 지루(AC 밀란. 현재 로스앤젤레스 FC - 옮긴이)가 지금

> **포스트 플레이(Post play)**
> 공격수가 상대 수비수 등을 등지거나 버티며 공을 자신에게 보낸 동료와의 연계나 후속 침투 동료에게의 패스 등으로 연결하는 플레이를 말합니다.

도 세계 정상급이라고 생각합니다. 지루의 포스트 플레이가 있기에 윙어인 하파엘 레앙이나 크리스티안 풀리시치가 골을 넣을 수 있는 것입니다.

지루는 상대 팀 수비수를 확실히 블로킹하면서 발이나 머리, 때로는 가슴으로 공을 다루며 결정적인 기회를 창출합니다. 일반적으로는 스코어러인 레앙이나 풀리시치에게 시선이 가겠지만, 기회를 만들어내는 지루의 포스트 플레이에도 주목했으면 합니다.

압박 등의 수비력도 요구됩니다

높은 라인에서의 하이 프레싱(전방 압박)이 일반화된 현대 축구에서는 센터포워드에게 수비력도 요구합니다. 최전방에 자리 잡은 센터포워드가 좋은 타이밍에 상대 팀의 센터백을 압박해 패스 코스를 지워버릴 수 있느냐 없느냐에 따라 '팀의 압박이 효과적으로 기능하느냐, 기능하지 못하느냐'가 크게 좌우되기 때문입니다.

이때 포지셔닝(각 선수가 필드 내에서 차지하는 위치)이나 타이밍 등 전술적인 요소뿐만 아니라 순수한 스피드와 스태미나도 중요합니다. 하지만 단거리 육상 선수와 장거리 육상 선수

속도, 압박, 골 결정력을 모두 갖춘 빅터 오시멘
이 영상은 빅터 오시멘의 득점 장면뿐 아니라, 전방에서의 집요한 압박과 수비라인 흔들기를 포함한 경기 전체 퍼포먼스를 보여줍니다. 빠른 스피드와 좋은 피지컬, 끊임없는 움직임으로 상대 수비를 괴롭히는 그의 활약상이 인상적으로 담겨 있습니다.

가 전혀 다른 자질을 지녔고 완전히 다른 훈련을 하듯이, 이 두 가지는 과학적으로도 양립이 어렵다고 알려져 있습니다. 그러나 2022-2023시즌에 세리에 A의 득점왕을 차지한 빅터 오시멘(나폴리. 현재 갈라타사라이-옮긴이)은 이 두 가지를 모두 갖추고 있었으며, 재빠르게 압박하는 모습을 수없이 보여줬습니다.

개인적으로 센터포워드의 압박 능력에 있어서 오시멘과 쌍벽을 이룬다고 생각하는 선수는 마에다 다이젠(셀틱)입니다. 카타르 월드컵에서 그의 악마 같은 압박이 크게 화제가 되었는데, 다이젠은 저와 공격수로써 투톱을 구성했던 2017년의 미토 홀리호크 시절부터 믿을 수 없는 수준의 스피드와 스태미나를 자랑했습니다. 당시의 어떤 경기에서는 최고 속도 시속 36.9킬로미터를 기록해, 저도 모르게 그 스탯이 적힌 표를 증거로 남기고자 사진으로 찍어놓은 적도 있습니다. 2022-

2023시즌 챔피언스리그의 최고 속도 1위가 알폰소 데이비스(바이에른 뮌헨)의 시속 37.1킬로미터, 2위가 미하일로 무드리크(첼시)의 시속 36.6킬로미터인 것을 보면 그야말로 세계 최고 수준의 스피드입니다.

게다가 카타르 월드컵의 스페인전이나 크로아티아전에서 양 팀을 합쳐 최다 전력 질주 횟수를 기록한 데서도 알 수 있듯이 다이젠의 스태미나도 더할 나위가 없습니다. 귀여운 후배를 아끼는 개인적인 마음을 배제하더라도 다이젠의 압박은 세계 정상급이라고 생각합니다.

[윙어와 세컨드스트라이커]
포지션의 무경계화가 진행중

아웃사이드 레인에만 머무르지 않습니다

윙어와 세컨드스트라이커에 관해서는 최근의 약 10년 동안 '포지션의 무경계화'가 빠르게 진행되었다는 인상을 받습니다. 5레인의 아웃사이드 레인*에 계속 머무르지 않고 하프 레인이나 센터 레인으로 들어오는 유형이 증가했습니다. 특히 리오넬 메시와 네이마르는 측면에서든 중앙에서든 커다란 존재감을 보여왔습니다.

다만 2023년 여름에 메시는 인터 마이애미(미국)로, 네이마

> **아웃사이드 레인(Outside lane)**
> 이란 축구 전술에서 측면 공간, 특히 터치라인 근처의 바깥쪽 통로를 의미합니다. 주로 윙어나 풀백이 활용하는 구역으로, 상대 수비를 넓게 벌리거나 크로스를 위한 공간 창출에 중요한 역할을 합니다.

르는 알힐랄(사우디아라비아)로 이적했습니다. 적어도 클럽 축구 기준으로는 세계 최정상 무대를 떠난 것입니다. 그 결과 유럽축구계에서는 젊은 세대가 주축이 되는 새로운 시대의 문이 열렸다고 말할 수 있습니다.

'역발 윙어'가 주류로 떠오르고 있습니다

예전의 윙어는 오른발잡이가 우측 측면을 담당하고 왼발잡이가 좌측 측면을 담당했습니다. 이른바 '정발 윙어'가 일반적이었습니다.

제가 어렸을 때의 맨체스터 유나이티드도 좌측에서는 왼발잡이인 라이언 긱스가, 우측에서는 오른발잡이인 데이비드 베컴이 활약했고, 18세의 이른 나이에 맨유로 이적한 크리스 아누 호날두도 우측 윙어였습니다. 그들의 주된 임무는 세로

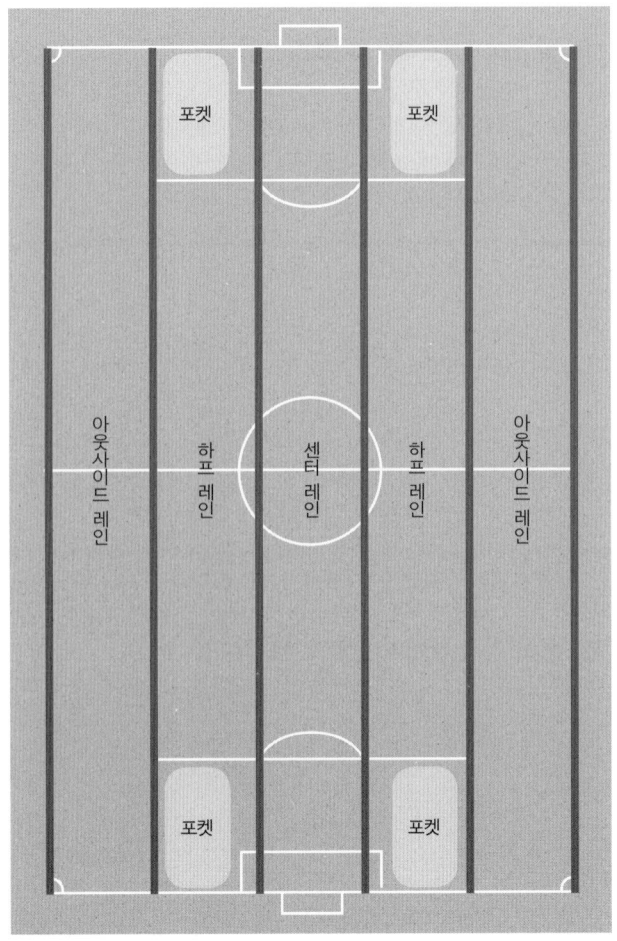

5레인 구조

경기장을 5개 레인으로 나누는 전술 개념은, 공간을 효과적으로 활용하기 위한 현대 축구의 기본 프레임입니다. 하프 레인에 위치한 '포켓'은 결정적인 공격 기회가 만들어지는 지점으로 여겨집니다.

방향으로 돌파한 뒤 중앙을 향해 크로스를 올리는 것이었습니다. 그런데 최근 20년 사이의 주류는 '역발 윙어'로 바뀌었습니다. 왼발잡이를 우측 측면에, 오른발잡이를 좌측 측면에 배치하는 형태가 크게 늘어났습니다. 이런 모습을 보면 시대의 흐름이 느껴집니다.

중요한 능력은 역시 '돌파력'입니다

다만 정발이든 역발이든 윙어에게 가장 요구되는 능력은 역시 돌파력입니다. 윙어는 상대 팀의 풀백과 1 대 1이 될 때가 많아서, 그 풀백만 제치면 단번에 큰 기회를 만들어낼 수 있기 때문입니다.

현재의 유럽축구계에서는 킬리앙 음바페(파리 생제르맹. 현재 레알 마드리드-옮긴이)와 비니시우스 주니오르(레알 마드리드)가 양대 거두일 것입니다. 그들은 순수 스피드와 테크닉은 물론이고 완급 조절에 필요한 가속, 감속, 정지 능력에 있어서도 최고 수준입니다. 이러한 능력으로 상대 수비수를 뒤흔들며, 결과적으로 돌파에 성공합니다.

완급 조절이라는 측면에서 드리블러에 주목하면 각자의 장점과 습관이 보여 매우 흥미롭습니다. 가령 음바페는 정지한

> **🏁 스텝오버(Stepover)**
> 공격수가 공을 중심으로 다리를 교차시키며 상대 수비수를 혼란스럽게 만드는 드리블 기술입니다. 방향 전환이나 속도 변화를 함께 사용하며, 수비수의 중심을 무너뜨리고 돌파할 때 자주 활용됩니다.

상태에서 단번에 빈 공간으로 공을 차내며 스피드로 승부하고, 비니시우스는 스텝오버*나 발바닥을 사용해서 상대의 자세를 무너뜨리며 돌파하는 등 저마다 독자적인 특색이 있는 것입니다. 또한 부카요 사카(아스널), 제레미 도쿠(맨체스터 시티), 흐비차 크바라츠헬리아(나폴리. 현재 파리 생제르맹-옮긴이)도 떠오르는 젊은 윙어이니 꼭 주목하길 바랍니다.

'한 시즌 20골'이 현대 윙어의 지표입니다

현대의 윙어에게 돌파력과 함께 반드시 필요한 능력은 득점력입니다. 센터포워드는 당연히 상대 팀에게서 집중적인 마크를 당하기 때문에, 윙어에게 드리블로 상대를 돌파하는 능력뿐만 아니라 돌파 후 그대로 골을 넣는 능력까지 요구하는 것입니다.

> **니어 포스트(Near post), 파 포스트(Far post)**
> 니어 포스트는 슈팅이나 크로스 시 공을 차는 쪽에 가까운 골대 기둥을 의미하고, 파 포스트는 반대편 골대 기둥, 즉 공을 차는 쪽에서 먼 쪽 골대 기둥을 가리킵니다. 공격 전술에서 어떤 포스트를 노리느냐에 따라 패스, 크로스, 슈팅의 방향이 크게 달라집니다.

측면에서 중앙 지역으로 컷인(측면에서 안쪽으로 파고들며 드리블하는 움직임)하면 상대 수비는 풀백이 따라붙어야 할지, 센터백이 이동해서 대응해야 할지 다소나마 혼란에 빠지는데, 특히 현재의 추세인 역발 윙어는 이때 그대로 쓰는 발을 사용해 니어 포스트*로든 파 포스트*로든 슛을 할 수 있어 매우 유리합니다. 이로 인해 슛의 정확도가 중요해졌습니다.

모하메드 살라(리버풀)는 이 결정력이라는 측면에서 누구보다 걸출한 선수입니다. 우측 윙어가 주된 포지션이면서도 2017-2018시즌과 2018-2019시즌, 그리고 2021-2022시즌 등 과거 6시즌 동안 3회나 프리미어리그 득점왕을 차지했습니다. 또한 프리미어리그에서는 2018-2019시즌에 사디오 마네(당시 리버풀. 현재 알나스르-옮긴이)가 득점왕을 차지했고, 2021-2022시즌에는 손흥민(토트넘)이 살라와 함께 공동 득점

손흥민 vs 살라! 시즌 23골 전격 비교

이 영상은 프리미어리그 2021-2022시즌에서 나란히 23골을 기록하며 득점왕을 공동 수상한 손흥민과 모하메드 살라의 골 장면을 정리해 비교합니다. 두 선수의 득점 방식, 위치 선정, 마무리 감각의 차이를 통해 각자의 스타일과 강점을 한눈에 볼 수 있습니다.

왕을 차지하는 등 윙어가 톱 스코어러로 활약하고 있습니다. '윙 스트라이커'라는 명칭이 딱 어울리는 이 세 명은 모두 드리블 돌파를 할 때 피니시까지의 이미지가 명확히 그려집니다. 그렇기에 많은 골을 넣을 수 있는 것입니다.

센터포워드의 유형이나 팀의 전술에 따라 다르기는 하지만, 이제는 한 시즌에 공식전에서 20골을 넣을 수 있느냐가 '진정한 월드클래스 윙어'로 인정받기 위한 조건이 되고 있다고도 말할 수 있습니다. 이미 그 벽을 뛰어넘은 음바페나 비니시우스에 이어 사카, 도쿠, 크바라츠헬리아 등도 이 벽을 돌파할 것인가는 2023-2024시즌을 보는 저의 개인적인 관전 포인트입니다. (2023-2024시즌, 사카는 프리미어리그 35경기에서 16골, 크바라츠헬리아는 세리에 A 34경기에서 11골, 도쿠는 프리미어리그 29경기에서 3골을 기록했습니다. - 옮긴이)

10번 유형의 윙어인 잭 그릴리시

한편 잭 그릴리시(맨체스터 시티)는 최고 중의 최고이며, 또한 이색적인 존재라고도 말할 수 있는 윙어입니다. 맨시티에 입단한 2021-2022시즌에 공식전 6골, 2년차인 2022-2023시즌에 5골을 기록한 것에서 알 수 있듯이 현대의 윙어에게 요구되고 있는 득점력이라는 부분에서는 분명 아쉬움이 있지만, 그럼에도 그는 맨시티의 공격에서 너무나도 중요한 존재입니다.

중앙 지역을 굳게 지키는 수비 전술이 침투하고 있는 현대 축구에서 공격 측은 윙어를 빌드업의 출구로 사용해 측면에서 상대의 수비를 무너트리고 공격을 전개하는 것이 중요해졌습니다. 그런 상황에서 음바페나 비니시우스는 드리블 돌파로 공격을 가속시키지만, 그릴리시는 볼 키핑 능력과 패스 센스라는 또 다른 무기로 공격에 변화를 가져옵니다.

일부에서는 그릴리시에 대해 "공을 너무 오래 소유한다"고 비판하기도 하지만, 저는 이 비판이 핵심을 간과한 의견이라고 생각합니다. 아웃사이드 레인이나 인사이드 레인에서 그릴리시가 보여주는 몇 초 동안의 볼 키핑은 팀의 라인을 높임으로써 상대의 최종 라인은 끌어내리는 긍정적인 결과로 이

드리블, 패스, 결정력의 정점에 있는 잭 그릴리시
이 영상은 2024-2025시즌 동안 그릴리시가 보여준 드리블, 날카로운 패스, 득점 장면 등을 종합적으로 담아낸 하이라이트입니다. 경기 흐름을 읽는 지능적인 움직임과 순간적인 폭발력으로 맨시티 공격에 활기를 불어넣는 그의 전성기를 확인할 수 있습니다.

어지며, 이것이 최종적으로 홀란드나 케빈 더 브라위너가 좋은 형태로 공을 받을 수 있는 공간과 시간을 만들어내기 때문입니다. 또한 그릴리시의 라스트 패스도 타이밍과 정확도 모두 너무나 훌륭합니다.

그릴리시는 본래 공격형 미드필더인 10번으로 육성되었던 선수입니다. 그렇기에 볼 키핑 능력과 패스 센스가 걸출한 것이며, 최근에는 윙어이면서 실질적으로 공격형 미드필더의 기능을 담당하고 있습니다. 과거에는 다비드 실바와, 현역 선수로는 그릴리시와 함께 맨시티의 공격을 담당하고 있는 베르나르도 실바도 '10번 유형의 윙어'로 정의할 수 있다고 생각합니다.

그런 맨시티의 2023-2024시즌 윙어진은 매우 흥미로운 멤버로 구성되었습니다. 본래는 10번 유형으로서 미드필더적인 요소가 강한 그릴리시와 B. 실바, 순수한 드리블러인 제레미 도쿠, 그리고 양쪽 요소를 겸비한 필 포든까지, 유형이 매우 다양합니다. 게다가 오른발잡이가 두 명(그릴리시, 도쿠)에 왼발잡이가 두 명(B. 실바, 포든)으로 균형도 절묘합니다.

만약 볼 점유율을 좀더 중시하면서 경기를 진행하고 싶다면 좌측에 그릴리시(오른발잡이), 우측에 B. 실바(왼발잡이)를 기용하고, 측면의 폭을 넓게 활용하면서 세로로 빠른 공격을 시도하고 싶다면 좌측에 포든(왼발잡이), 우측에 도쿠(오른발잡이)를 배치할 수 있습니다. 두 요소를 전부 원한다면 좌측에 도쿠(오른발잡이), 우측에 B. 실바(왼발잡이)를 기용하는 등 온갖 국면과 상황에 맞춰서 선수를 활용할 수 있습니다. 선발 멤버는 물론이고 경기 도중에 선수를 교체할 때도 '맨시티의 윙어로 누가 배치되고 어떤 역할을 담당하는가'는 매우 흥미로운 관전 포인트이니 꼭 주목해보길 바랍니다.

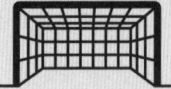

미드필더(MF)

팀의 중앙 지역을 담당하는 미드필더는
'중앙 미드필더, 앵커, 인사이드 하프, 공격형 미드필더' 등으로
표기되는 경우도 있지만, 역할을 기준으로
'공격적 미드필더와 수비적 미드필더'로
나누는 편이 이해하기 쉬울 것입니다.

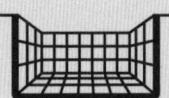

[공격적 미드필더]
플레이 비전과 판단력이 핵심 능력

아이디어와 센스가 매우 중요합니다

공격적 미드필더는 포지션으로 치면 '공격형 미드필더, 인사이드 하프*, 중앙 미드필더'로서 미드필더 중에서도 좀더 공격적인 역할을 담당하는 유형입니다. 기본적으로 공의 라인보다 앞에 위치하는 경우가 많습니다.

   공격적 미드필더에게 요구되는 가장 중요한 능력은 바로 '플레이 비전'입니다. 공격의 국면에서 공이 집중되기 쉬운 포지션이기에 그곳을 기점으로 상대의 수비를 무너뜨려 피니

> **인사이드 하프(Inside Half)**
> 전통적인 2-3-5 포메이션에서 유래한 용어로, 중앙 공격수(CF) 양옆에 위치해 공격과 중원을 연결하던 미드필더형 공격수를 의미합니다. 하지만 현대 축구에서는 주로 8번 역할(박스 투 박스 미드필더) 또는 10번 역할(공격형 미드필더)에 해당하며, 하프 스페이스에서 공격을 풀어가는 미드필더를 뜻합니다.

시까지 연결하는 과정을 머릿속에 그리고, 이를 실제로 구현하는 능력이 필요한 것입니다.

구체적으로는 어시스트 혹은 프리 어시스트(어시스트 직전의 패스)가 가장 기대받는 플레이이며, 아이디어와 센스가 매우 중요합니다. 공을 빈 공간으로 보낼지, 동료의 발밑으로 보낼지, 아니면 볼 키핑을 하면서 조금 시간을 벌지 순간적으로 판단할 필요가 있습니다.

케빈 더 브라위너는 이러한 플레이 비전과 판단력이 독보적인 선수입니다. 그는 경기의 흐름과 빈 공간을 순간적으로 감지하면서 일격필살의 오른발로 결정적인 기회를 만들어냅니다. 그는 기술적으로도 뛰어나지만 운동 능력도 매우 높은 수준이어서, 몇 차례 그를 상대한 경험이 있는 나가토모 유토(FC 도쿄, 저의 대학 시절 친구입니다)는 "더 브라위너는 강한데 빠르기까지 해. 진짜 말이 안 된다니까"라고 말할 정도였습니다. 이런 능력으로 더 브라위너는 자신을 마크하는 상대를 제칠 수 있으며, 다소간의 몸싸움에도 자세를 무너트리지 않고 라스트 패스를 보낼 수 있는 것입니다.

그런 더 브라위너의 라스트 패스는 사실 상대의 수비진에 생긴 실낱같은 틈새를 파고드는 것이어서 '뛰어난 패스'라기보다 '어려운 패스'일 때가 비교적 많습니다. 그렇기에 2022-2023시즌의 맨시티가 홀란드를 영입한 것은 굉장히 큰 보강이었다고 말할 수 있습니다. 피니시를 노리는 움직임을 끊임없이 반복하고 발군의 신체 능력으로 '보통 선수라면 발이 닿지 않을 공'에도 맞춰주는 홀란드가 더 브라위너의 장점을 더욱 부각시킨 것입니다.

실제로 2022-2023시즌에는 '더 브라위너의 어시스트 → 홀란드의 피니시'라는 패턴이 공식전에서 11골을 만들어냈습니다. 개인적으로는 '현대 축구 최강의 황금 콤비'라고 해

공간을 꿰뚫는 케빈 더 브라위너의 라스트 패스
이 영상은 더 브라위너의 라스트 패스를 실전 경기 장면을 통해 다각적으로 분석합니다. 정확한 패스 타이밍, 공간 창출 기술, 스루패스와 크로스 등 다양한 형태의 결정적 패스를 실제 클립과 함께 전술적으로 해설합니다.

각 포지션의 주된 역할과 상징적 선수들

도 과언이 아니라고 생각합니다. 2023-2024시즌에는 더 브라위너가 부상으로 전반기를 결장하게 되었는데, 후반기에 부활할 것을 기대합니다. (더 브라위너는 2024년 1월 초 복귀해 리그 후반기인 1~5월에만 18경기 4골 10어시스트라는 놀라운 기록을 남겼습니다.-옮긴이)

라스트 패스에 관한 이야기를 조금 더 하면, 패스는 사실 볼 컨트롤 능력(트래핑이나 킥의 정확성)과 같은 수준으로 '타이밍 감각'이 중요한 기술입니다. 동료들과 상대 모두 끊임없이 움직이기 때문에 잘못된 타이밍에 패스하면 절대로 패스가 이어지지 않습니다. 더 브라위너는 물론 이 능력이 걸출한 선수인데, 프리미어리그에서는 베르나르도 실바(맨체스터 시티)와 브루노 페르난데스(맨체스터 유나이티드), 마르틴 외데고르(아스널), 루카스 파케타(웨스트햄), 라리가에서는 토니 크로스(레알 마드리드. 2024년에 은퇴)와 페드리(바르셀로나), 세리에 A

> **투 터치 패스(Two-touch pass)**
> 축구 선수가 공을 한 번 컨트롤한 후, 두 번째 터치에 패스를 보내는 방식을 말합니다. 퍼스트 터치로 공을 안정시키고, 두 번째 터치로 정확한 패스를 전달해 빠르고 효율적인 플레이를 전개하는 데 자주 사용됩니다.

에서는 루이스 알베르토(라치오. 현재 알두하일-옮긴이) 등도 훌륭한 타이밍 감각을 보유했습니다. 그들이 다이렉트 패스, 투터치 패스*, 키핑 등을 상황에 맞춰 구사하는 것은 최고의 타이밍을 노리기 때문입니다. 그들이 라스트 패스를 하는 장면은 꼭 주목했으면 하는 부분입니다.

'고개 돌리기'와 '오프 더 볼'

또한 공격적 미드필더는 기본적으로 중앙 지역에 위치를 잡는 경우가 많기 때문에 필연적으로 경기장에서 360도를 전부 시야에 넣으며 플레이하게 됩니다. 그래서 포지션과 상관없이 축구 선수에게 반드시 필요한 '인지(상황 파악) → 판단(플레이 선택) → 실행(기술)'의 능력이 더욱 크게 요구되는 포지션이기도 합니다.

그 초기 단계인 인지를 위해서 가장 중요한 '고개 돌리기'

루카 모드리치, 시야를 여는 '고개 돌리기'의 교과서
패스를 받기 전, 고개를 돌려 수차례 주변을 확인하는 모드리치의 움직임을 집중 조명한 영상입니다. 단순한 시선 전환이 아니라 공간을 지배하는 인지 능력과 경기 흐름 예측의 차이를 체감할 수 있으며, '고개 돌리기'라는 기본기가 왜 현대 축구에서 중요한지 생생히 보여줍니다.

각 포지션의 주된 역할과 상징적 선수들

는 축구에서 기본 중의 기본인데, 루카 모드리치(레알 마드리드)는 이 기본을 90분 내내 누구보다 충실히 지키는 선수입니다. 기회가 있다면 단 몇 분이라도 좋으니 그의 움직임을 계속 지켜보길 바랍니다. 고개를 돌리며 주의 깊게 주위의 상황을 계속 머릿속에 업데이트하고 있음을 알 수 있을 것입니다. 모드리치에 대해서 화려한 아웃사이드 패스나 힐 패스에 주목하기 쉽지만, 이 뛰어난 인지 능력이야말로 그를 발롱도르(2018년)를 수상할 정도의 훌륭한 공격적 미드필더로 만들었다고 할 수 있습니다.

또한 팀 전술에 따라서는 오프 더 볼*의 움직임을 통해서 페널티 에어리어 안으로 침입해 피니시에 관여할 것도 요구됩니다. 가령 2023-2024시즌의 주드 벨링엄(레알 마드리드)은 특히 이런 움직임이 돋보이며, 20세라는 젊은 나이의 빅 클럽 1년차 선수라고는 도저히 생각되지 않는 매우 수준 높은 플

> **오프 더 볼(Off the ball)**
> 축구 선수가 공을 소유하지 않은 상태에서의 움직임을 의미합니다. 이런 움직임은 공간을 창출하거나 수비를 끌어내 공격 기회를 만드는 데 핵심적이며, 전술적으로 매우 중요한 역할을 합니다.

> **박스 투 박스(Box-to-box)형 미드필더**
> 자신의 페널티 박스(수비 지역)부터 상대 페널티 박스(공격 지역)까지 경기장을 종횡무진 누비며 수비와 공격 모두에 관여하는 미드필더를 말합니다. 전환 속도가 빠르고, 위기 시엔 수비를 커버하며, 기회 시엔 득점을 지원합니다. 스티븐 제라드, 야야 투레, 주드 벨링엄 등이 대표적입니다.

레이를 보여줬습니다.

벨링엄은 본래 박스 투 박스형 미드필더*로, 이전 소속팀이었던 도르트문트나 잉글랜드 대표팀에서는 4-3-3의 인사이드 하프, 4-2-3-1의 센터 하프가 주된 포지션이었습니다. 그런데 2023년 여름에 이적한 레알 마드리드에서는 4-3-1-2의 공격형 미드필더가 주된 포지션이 되었고, 이 새로운 포지션에서 투톱이 열어준 빈 중앙 공간을 영리하게 파고드는 움직임을 보여줘 라리가의 전반기 득점왕(13골)을 차지하며 순식간에 팀의 득점원으로 떠올랐습니다.

벨링엄은 수비 능력도 평균 이상입니다. 강도 높은 압박으로 상대로부터 공을 빼앗아서 그대로 드리블하며 전진하거나 전방으로 패스하는 등 혼자서 포지티브 트랜지션('수비 → 공격'의 전환)을 완수할 수 있는 능력을 갖췄습니다. 벨링엄이 부

주드 벨링엄의 긍정적 전환 능력과 공간 활용
벨링엄이 전환 상황에서 어떻게 압박을 유도하고, 공간을 창출하며 공격으로 연결하는지 실제 경기 장면을 통해 분석합니다. 특히 후방에서 공을 탈취한 순간의 빠른 생각 전환과 동작이 매끄러운 공격 기회로 이어지는 모습은 압권입니다.

여주는 수비 국면에서의 헌신성은 특필할 수준으로, 그와 같은 유형의 공격적 미드필더가 있으면 수비진은 굉장히 편해집니다.

레알 마드리드가 벨링엄을 1억 300만 유로(약 1,500억 원)라는 엄청난 거액을 투자해 영입한 것도 이제 수긍이 갑니다. 벨링엄은 세계 최고 수준의 공격적 미드필더라고 해도 과언이 아닐 것입니다.

[수비적 미드필더]
공수 균형을 맞추는 숨은 일꾼

상대 선수를 뭉개버릴 수 있어야 합니다

수비적 미드필더는 앵커*, 중앙 미드필더, 때로는 인사이드 하프 등의 포지션에 해당하며, 이름처럼 주로 수비적인 역할을 담당하는 미드필더입니다. 기본적으로 공의 라인보다 뒤에 위치하면서 최종 라인을 지키는 가운데 공수의 균형을 맞추는 역할을 합니다.

수비적 미드필더에게 가장 필요한 능력은 너무나 당연하게도 '수비력'입니다. 특히 4-3-3, 3-1-4-2, 4-3-1-2 등 센

> ▦ **앵커(Anchor)**
> 축구에서 수비형 미드필더(DMF) 중에서도 가장 뒤에 위치해 수비 앞을 보호하고, 경기의 균형을 잡는 역할을 맡는 선수입니다. 공격과 수비의 연결 고리이자, 상대의 역습을 끊고 공을 탈취해 팀의 리듬을 조율하는 전술적 중심축이라 할 수 있습니다.

터 하프로 세 명을 배치하는 포메이션의 1앵커는 커버 범위가 넓어 수비 부담이 매우 큽니다. 그래서 수비적 미드필더에게는 1 대 1 경합 능력은 물론이고 커버링 능력, 위기 감지 능력, 자기희생 정신 등이 요구됩니다.

개인적인 의견을 말하면, 로드리(맨체스터 시티)와 카세미루(맨체스터 유나이티드)가 이런 능력들을 골고루 겸비한 세계 최고 수준의 선수라고 생각합니다. 차징, 태클, 가로채기, 공격 지연 등 모든 수비 능력이 더할 나위가 없습니다. 중앙 지역에 있는 상대의 공격형 미드필더나 인사이드 하프, 그리고 때로는 측면의 윙어를 '뭉개버리는' 것입니다.

전성기 시절의 은골로 캉테(알이티하드)도 그랬지만, 로드리와 카세미루의 위기 감지 능력은 조금 비상식적인 수준입니다. '어, 저 선수가 자유롭게 풀려 있는걸? 뭔가 일이 터지겠는데…'라는 생각이 들 때마다 로드리나 카세미루가 와서 그 선수를 막는 것입니다. 경기의 전개, 동료와 상대 팀의 배치 상황을 항상 머릿속에 넣어두고 예측을 거듭하기에 가능한 일이지만, 어느 정도는 감, 다시 말해 재능의 측면도 있다고 생각합니다.

로드리나 카세미루의 이런 플레이는 지극히 평범해 보이기에 좀처럼 스포트라이트를 받지 못하지만, 앵커 포지션에 로드리나 카세미루 같은 숨은 일꾼이 있기 때문에 공격형 미드필더나 인사이드 하프가 공격적으로 플레이할 수 있는 것입니다. 축구 팬 여러분도 이 점을 꼭 알아뒀으면 합니다.

로드리는 이제 맨체스터 시티의 '심장'이라고 해도 과언이 아닙니다. 맨시티의 승률이 로드리가 출장했을 때는 73.3퍼센트인 데 비해 출장하지 않았을 때는 53퍼센트라는 최신 데이터가 있을 만큼 팀에서 매우 중요한 존재입니다. 공보다 뒤의 라인에 머무르면서 수비의 균형을 유지하는 가운데 빌드

로드리의 뛰어난 위기 감지 및 위치 선정 능력
이 영상에서는 로드리가 공수 전환 과정에서 고개를 돌려 공간을 인식하고 압박 타이밍을 조율하는 장면을 실제 경기 속에서 분석합니다. 특히 위기 상황에서의 시야 확보와 위치 선정 능력을 중심으로 전술적 해설이 이루어집니다.

업에서의 정확한 볼 배급과 수비를 무너트리는 라스트 패스, 강렬한 미들 슈팅(페널티 박스 밖에서의 중거리슛) 등으로 공격 측면에서도 크게 공헌합니다. 제가 메가 클럽의 감독이 된다면, 저는 제일 먼저 로드리를 영입해달라고 보드진에 요청할 것입니다. 그만큼 훌륭한 수비적 미드필더라고 생각합니다.

공격을 전개할 때 숨지 않는 성격이 요구됩니다

앵커나 중앙 미드필더는 공격할 때도 특히 빌드업에서 중요한 열쇠를 쥐고 있는 존재입니다. 공을 능숙하게 다루면서 최종 라인*이나 두 번째 라인과 연계하며 게임을 컨트롤하는 능력이 요구됩니다. 이때 중요한 것이 공을 떠맡으려 하는 성격입니다. 아무래도 뒤를 향한 채로 패스를 받는 경우가 많아

> **최종 라인!(Final line)**
> 축구에서 수비진의 마지막 라인, 즉 가장 뒤쪽에 위치한 수비수들(보통 센터백들)이 형성하는 라인을 의미합니다. 이 라인의 위치는 오프사이드 트랩, 수비 깊이, 라인 간 간격에 큰 영향을 미치며, 팀의 전체 전술 밸런스를 좌우하는 핵심 요소입니다.

리스크가 큰 까닭에, 때때로 공격 전개중에 '숨어버리는 선수'가 정상급 선수 중에도 의외로 많습니다.

반면에 로드리나 프랭키 데용(바르셀로나), 이브 비수마(토트넘), 브루노 기마랑이스(뉴캐슬), 빌리 길모어(브라이튼. 현재 나폴리-옮긴이) 등 기술과 전술적 안목에 자신감이 있는 유형의 선수들은 절대로 공격 전개중에 숨지 않습니다. 아무리 심하게 마크당하는 괴로운 상황에서도 자신에게 공을 보낼 것을 요구합니다. 언뜻 평범한 플레이처럼 보이겠지만, 사실은 굉장히 수준 높은 플레이인 것입니다.

공을 받은 뒤도 매우 중요합니다. 다시 후방으로 패스를 돌려줄 뿐이라면 당연히 공격이 앞으로 전개되지 못합니다. 몸을 반전시켜서 마커(특정 상대 공격수를 밀착해서 수비하는 선수)를 떼어내고 공을 전방으로 배급해 공격을 가속시키는 선수가 정상급 선수입니다. 데용과 비수마가 이 능력이 뛰어납니다.

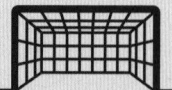

수비수(DF)

**수비수의 기본적인 포지션은
센터백(CB), 풀백(FB), 윙백(WB) 등입니다.**

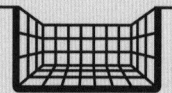

[센터백(CB)]
스피드의 중요성이 커지는 중

열린 공간에서의 1 대 1을 이겨야 합니다

센터백에게 가장 요구되는 능력은 역시 '수비력'입니다. 구체적으로는 1 대 1에서의 강력함, 공중전의 높이와 힘, 가로채기, 그리고 커버링 능력 등입니다.

상대 팀 포워드와의 1 대 1 능력이 걸출한 선수를 꼽는다면 후벵 디아스(맨체스터 시티)와 베테랑인 버질 반다이크(리버풀)일 것입니다. 그들은 '수비는 리액션이다'라는 진리를 너무나 잘 이해하고 있을 뿐만 아니라 상대를 자신의 영역으로 끌어들여서 '액션'으로 공을 빼앗는 기술까지도 지니고 있습니다.

최근 10년 사이에는 수비력뿐만 아니라 '스피드'도 센터백의 능력으로서 중요성이 커지고 있습니다. 많은 팀들이 최전방에서부터 하이 프레싱 전술을 기본적으로 사용하면서 최종 라인이 수적 동수(예를 들면 우리 팀의 수비수가 세 명이고, 상대 팀의 포워드가 세 명인 상황)가 되는 국면이 일반화되면서 센터백이 상대 팀의 포워드와 열린 공간에서 1 대 1을 하게 되는 상황이 예전에 비해 크게 늘어났기 때문입니다.

열린 공간에서 1 대 1을 하는 상황에서는 당연히 힘도 중요하지만 순수한 스피드가 매우 중요합니다. 이런 면에서는 윌리엄 살리바(아스날)와 안토니오 뤼디거(레알 마드리드), 로날드 아라우호(바르셀로나), 이브라히마 코나테(리버풀), 미키 판더펜(도트넘), 그리고 피카요 토모리(AC 밀란) 등이 특히 뛰어난 능력을 지녔습니다.

'센터백이 최고 수준의 스피드를 갖췄느냐, 그렇지 않느냐'는 팀 전술을 크게 좌우하는 요소입니다. 가령 2023-2024시즌의 토트넘에서는 발 빠른 준족인 크리스티안 로메로와 판더펜이 콤비를 이루었기에 최종 라인을 매우 높은 위치에 설정할 수 있었습니다. 다만 로메로와 판더펜 중 한 명이 결장한 경기에서는 상대가 역습하는 상황에서 뒤쪽 공간으로 공

> **압박(Pressing)**
> 상대 팀이 공을 소유했을 때, 빠르고 적극적으로 달려들어 공을 빼앗거나 실수를 유도하는 수비 전략입니다. 조직적인 팀 움직임과 타이밍이 중요하며, 상대의 빌드업을 차단하거나 공격 전환을 방해하는 데 효과적입니다.

을 차 넣었을 때 대응하는 데 어려움을 겪었습니다. 이렇게 되면 역습이 두려워 최종 라인을 끌어올리지 못하며, 전방에서 높은 압박*을 해도 뒤쪽 라인이 따라붙지 않아 간격이 벌어지기 때문에 전술 자체가 기능하지 않게 됩니다. 현대 축구에서는 이런 사례가 적지 않으므로 센터백을 기점으로 전술을 살펴봐도 재밌을 것입니다.

'경험'과 '리더십', 그리고 '상성'

또한 센터백은 '판단력'이 특히 요구되는 포지션이기도 합니다. 자신이 직접 공을 빼앗으러 갈지, 팀 동료의 커버를 할지, 최종 라인을 높일지 아니면 내릴지, 미드필더가 돌아와서 수비하도록 지시할지 등을 순간적으로 판단해야 합니다.

이 능력을 키우는 방법은 다양한 상황을 경험하면서 대응법을 공부하는 것뿐이기에, 센터백은 많은 경험과 리더십이 매우 중요합니다. 그런 까닭에 1991년생인 반다이크를 비롯해 1989년생인 시몬 키에르(AC 밀란. 2024년 은퇴), 1988년생인 마츠 훔멜스(도르트문트. 현재 AS 로마-옮긴이)와 프란체스코 아체르비(인테르나치오날레 밀라노), 그리고 1984년생인 티아고 실바(첼시. 현재 플루미넨시-옮긴이) 등 빅 클럽에서 살아남은 베테랑도 적지 않습니다.

개인적으로 특히 2센터백은 상성도 중요하다고 생각합니다. 판단력은 있지만 신체적으로 쇠퇴한 베테랑으로만 구성해도, 신체 능력은 있지만 판단력이 부족한 젊은 선수로만 구성해도, 제대로 기능하지 못합니다. 한 명은 리더 스타일의 베테랑으로, 다른 한 명은 신체 능력이 뛰어난 젊은 선수로 조합하는 것이 이상적이라고 생각됩니다. 지금의 리버풀이라면 '반다이크+코나테' 조합이 가장 균형이 좋습니다.

리버풀의 센터백 듀오인 반다이크와 코나테 조합
이 영상에서는 리버풀의 센터백 듀오인 반다이크와 코나테 조합이 어떻게 수비진에 긍정적인 효과를 만들어냈는지 심층적으로 분석합니다. 특히 하이 라인 유지, 공중볼 대응, 커버 플레이 분담에서 두 선수의 강점이 어떻게 조화를 이루는지를 구체적인 경기 장면을 통해 보여줍니다.

공격에도 적극적으로 관여합니다

게다가 최근의 센터백은 공격에도 공헌하도록 요구받습니다. 특히 후방에서 꼼꼼하게 패스를 연결하는 점유율형 팀에서는 센터백에게 미드필더급의 볼 컨트롤 능력과 판단력을 요구합니다.

핵심이 되는 능력은 역시 '패스 능력'과 '타이밍 감각'입니다. 근처에 있는 동료에게 짧은 패스를 하는 것도 물론 중요하지만, 2~3라인* 너머까지 볼 수 있으면 빌드업의 폭이 훨씬 넓어집니다. 이 분야의 최고봉은 반다이크로, 정확도 높은 장거리 패스를 통해 세로 방향은 물론이고 대각선으로도 공을 배급해 공격을 단번에 가속시킵니다.

또한 종종 간과되는 경향이 있지만 사실은 센터백의 드리블도 공격의 측면에서 중요한 플레이입니다. '운반하는 드리블'

2~3라인(between the lines)
미드필더(2선)와 공격수(3선) 사이의 공간이나, 그 라인에 위치한 선수들의 전술적 배치를 의미합니다. 이 구간은 공격 전개와 연계 플레이의 핵심 구역으로, 침투·패스·슈팅 등 다양한 전술 움직임이 집중되는 지역입니다.

로 상대를 제치고 전방으로 공을 운반하거나, 이른바 '끌어들이는 드리블'로 상대를 끌어들여서 동료에게 시간과 공간을 만들어주면 공격이 매우 원활해지며 공격 리듬도 빨라지기 때문입니다.

유럽에서는 이러한 '전술적인 드리블'을 굉장히 중요시합니다. 저도 도쿄 베르디에서 스페인인인 미겔 앙헬 로티나 감독에게 지도를 받았을 때(2018년) 이를 중요하게 여긴다는 것을 체감했습니다. 센터백에게 "프리 상태라면 공을 운반하시오.", "상대를 끌어들이시오."라고 지시하는 일이 굉장히 많았던 것입니다. 특히 스페인은 이 부분의 디테일에 대한 집착이 강한 듯해서, 개인적으로 굉장히 많은 공부가 되었습니다.

이런 '운반하는·끌어들이는 드리블'의 명수로는 후뱅 디아스와 티아고 실바, 리산드로 마르티네스(맨체스터 유나이티드) 등이 있습니다. 센터백의 드리블은 언뜻 보면 사소한 플레이 같을 수 있지만 실제로는 팀의 빌드업을 원활하게 만드는 전술적으로 매우 중요한 플레이기에 반드시 주목해야 할 관전 포인트입니다.

여담이지만, 공격이라는 측면에서 센터백을 바라봤을 때 존 스톤스(맨체스터 시티)는 매우 이질적인 존재입니다. 원래 공수 만능 유형이기는 했지만, 2022-2023시즌에는 수비 시

> **가짜 풀백(False full-back)**
> 축구 경기중 전통적인 풀백(측면 수비수)이 오버래핑 대신 중앙으로 좁혀 들어가 미드필더처럼 플레이하는 전술적 역할을 말합니다. 이 전술은 수적 우위를 통한 빌드업 강화, 중원 장악, 수비 전환 시 빠른 압박 등을 위해 활용됩니다.

에 센터백(또는 우측 풀백)을 담당하다가 공격 시에는 중앙 미드필더로 편입되는 새로운 역할을 맡아 팀의 트레블(3관왕)에 크게 공헌했습니다. 패스와 드리블, 그리고 플레이 비전이 걸출해 전문 미드필더와 비교해도 손색이 없는 수준입니다. '가짜 풀백*'은 유행한 지도 벌써 10년 정도가 지났지만, '가짜 센터백'은 본 적이 없었기에 저도 깜짝 놀랐습니다.

지금까지 설명한 수비력과 리더십, 공격력을 종합적으로 살펴봤을 때, 현역 센터백 중에서는 후벵 디아스와 반다이크가 양대 산맥이라고 생각합니다. 축구는 아무래도 공격에 초점이 맞춰지는 경향이 있지만, 그 반대편에 있는 수비도 공격과 같은 수준으로 중요한 요소입니다. 세계 최고 수준의 센터백에 주목하면 수비의 오묘함을 잘 알 수 있으니 부디 여러분도 경기를 관전할 때 꼭 주목해보길 바랍니다.

[풀백(FB)과 윙백(WB)]
밸런스형과 초공격형으로 구분

공격에도 적지 않게 공헌해야 합니다

풀백과 윙백의 경우, 과거의 '전문 수비수 유형'은 현재의 세계 정상급 무대에서는 멸종하다시피 한 상태입니다. '전원 수비, 전원 공격'이라는 발상이 현대 축구에서 확산됨에 따라 센터백과 마찬가지로 풀백과 윙백도 수비뿐 아니라 공격에도 적지 않게 공헌할 것을 요구받는 시대가 되었기 때문입니다.

다만 윙백이라면 몰라도 풀백은 최종 라인을 구성하는 수비수이기에 대인 수비 능력(특히 상대 팀 윙어와의 1 대 1), 크로스에 대한 공중전 능력, 중앙 지역 지키기 등의 수비 능력이 우선적으로 중시됩니다.

이러한 수비력에서 있어서는 카일 워커(맨체스터 시티. 현재 AC 밀란-옮긴이), 다니엘 카르바할(레알 마드리드), 지오바니 디 로렌조(나폴리), 그리고 본래의 포지션은 센터백인 벤 화이트나 도미야스 다케히로(두 선수 모두 아스널), 요슈코 그바르디올(맨체스터 시티) 등이 높은 수준을 자랑합니다. 그들은 3백일 경우 센터백을 맡을 만큼 뛰어난 수비력을 갖췄으며, 또한 스태미나도 있어서 윙어의 지원부터 오프 더 볼의 움직임으로 수비를 따돌리고 크로스를 올리는 것까지 공격의 측면에서도 일정 수준의 공헌도를 보여줍니다.

이 밸런스형 풀백 중에서 특히 주목해야 할 선수는 맨시티의 그바르디올입니다. 저는 몇 년 전부터 그를 주목해왔는데, 카타르 월드컵 등에서 활약한 뒤 2023년 여름에 맨시티로 이적했습니다.

트레블*을 달성한 직후의 맨시티에서 곧바로 주전 좌측 풀백의 자리를 차지한 그바르디올은 공격 시 3백의 왼쪽으로 들어가는 가변 포메이션에 능숙하게 대응하면서 파워와 스피드를 이용해 상대를 저지하고 정확한 패스로 원활한 빌드업에 기여하고 있습니다.

> **트레블(Treble)**
> 한 시즌에 리그, 국내컵, 유럽 챔피언스리그를 모두 석권하는 위업을 말합니다. 맨체스터 시티는 2022-2023시즌에, 파리 생제르맹은 2024-2025시즌에 각각 이 대기록을 달성하며 유럽축구 역사에 이름을 새겼습니다.

개인적으로는 그바르디올은 순수한 센터백으로 키워도 반다이크급으로 성장할 가능성이 있다고 생각합니다. 때문에 과르디올라 감독의 밑에서 그바르디올이 어떻게 성장할지 흥미롭게 지켜보고 있습니다. (그바르디올은 2024-2025시즌 맨체스터 시티에서 가장 많은 출전을 기록하며 부상이 속출한 팀의 중심축이 되었습니다. 중앙수비와 왼쪽 풀백을 오가며 전술적 유연성을 보여줘 과 팀 MVP 선정이라는 성과를 남겼습니다. - 옮긴이)

한편 테오 에르난데스(AC 밀란)와 알폰소 데이비스(바이에른 뮌헨), 아쉬샤프 하키미(파리 생제르맹), 그리고 주앙 칸셀루(바르셀로나. 현재 알힐랄 - 옮긴이) 등은 초공격형입니다. 그들의 스피드를 살린 드리블 돌파, 강렬하면서도 정확한 크로스와 슛은 풀백·윙백의 영역을 넘어서 세계 정상급 윙어에 필적하는 수준을 자랑합니다.

특히 테오 에르난데스의 드리블 돌파는 '돌진'이라고 표현

테오 에르난데스의 시그니처인 '돌진 드리블'
이 영상은 에르난데스가 수비 뒷공간을 빠르게 파고들며 '돌진 드리블(driving dribble)'을 이어가는 실제 경기 장면들을 집중적으로 담고 있습니다. 그의 강력한 침투력과 개인 기량을 바탕으로 한 공격 전개를 생생하게 보여줍니다.

하는 편이 더 적절할 만큼 박력이 넘치며, 보고 있으면 어처구니가 없어서 웃음이 나올 정도입니다. 그가 일단 속도를 내기 시작하면 상대의 입장에선 반칙으로 끊는 것 이외에는 저지할 방법이 거의 없습니다.

에르난데스는 한 시즌에 적어도 한 번은 코스트 투 코스트(자신들의 진영에서 상대 팀의 진영까지 드리블로 돌파하는 것) 후 보고도 믿기지 않을 정도의 멋진 골을 성공시키니, AC 밀란의 경기를 본다면 반드시 그의 플레이에 주목하길 바랍니다. 그의 멋진 플레이를 통해 틀림없이 풀백에 대한 기존의 이미지가 바뀔 것입니다.

또한 정상급의 초공격형 풀백·윙백은 빌드업 국면에서의 '압박 회피 능력'도 매우 뛰어납니다. 터치라인을 등지고 있어 행동 범위가 좁은 상태에서 상대의 압박을 받더라도 파워, 스피드, 테크닉 등을 구사해 자신의 힘으로 국면을 타개할 수 있는 능력을 지닌 것입니다.

특히 테오와 칸셀루는 이 능력이 특출해서, '어, 압박에 걸려들었네'라는 생각이 들어도 순식간에 빠져나옵니다. 세로 방향 혹은 중앙 지역으로 빠져나와서는 그대로 인사이드 하프(하프 스페이서 중심으로 공격을 조율하는 미드필더)처럼 공격에 참여하는 경우도 있는데, 이런 플레이를 보고 있으면 정말 흥미롭습니다.

'가짜 풀백'이 유행하고 있습니다

중앙 지역을 언급한 김에 이야기하면, 최근에는 공격할 때 중앙 미드필더나 인사이드 하프처럼 위치를 잡는 풀백이 유행하고 있습니다. 이른바 '가짜 풀백'입니다. 팀 전술에 따라서는 테오나 칸셀루가 이 역할을 담당하며, 최근 가짜 풀백으로는 트렌트 알렉산더 아놀드(리버풀)나 올렉산드르 진첸코(아스널)가 대표적입니다.

풀백이 안쪽에 포지션을 잡을 때의 가장 큰 이점은 공격할 때 패스 코스의 출구가 늘어나서 수비 측의 기준점이 모호해지기에 빌드업이 원활해진다는 것입니다. 가짜 풀백에게는 기술과 전술적 안목이 반드시 필요하며, 그래서 본래 미드필더였던 알렉산더 아놀드나 진첸코에게는 안성맞춤인 역할이라고 할 수 있습니다.

　다만 풀백이 중원의 중앙 3레인으로 들어가면서 인원수가 줄어드는 최종 라인은 위치를 이동해서 배치를 변경할 필요가 생깁니다. 그래서 상대 팀의 갑작스런 역습에 조금 취약해지는 경향이 있습니다. 가령 2023-2024시즌의 토트넘과 브라이튼은 전체의 포지션이 매우 유동적이어서, 양 측면의 풀백이 함께 인사이드 레인*으로 들어가는 이른바 '더블 가짜 풀백' 식의 전술을 채용했습니다. 이 배치의 괴리를 이용해 효과적으로 공을 전진시킬 때도 있었지만, 빌드업의 초기 단계에서 방해를 받으면 큰 위기에 빠지기 쉬운 리스크를 안고 있었습니다.

　이런 점에서 가짜 풀백은 공격할 때의 이점이 크지만 반대로 수비에서의 불이익도 큰 전술이라고 말할 수 있습니다. 그

인사이드 레인(Inside Lane)
　피치(경기장)를 수직으로 나누었을 때, 측면과 중앙 사이에 위치한 공간을 의미합니다. 이 지역은 상대 수비 블록 사이에 빈틈이 가장 자주 발생하는 지점으로, 수비 입장에서는 대응이 까다롭고, 공격 측에서는 효과적으로 공략할 수 있는 최적의 위치입니다. 그 때문에 다양한 공격 전술이 자주 전개되는 공간입니다.

[실제 사례] 2023-2024시즌 리버풀의 '가짜 풀백'

초기 배치(4-3-3)

공격 시의 '가짜 풀백'을 활용한 배치(3-2-5)

럼에도 불구하고 가짜 풀백을 채용하는 팀이 늘고 있다는 것은 공격적인 자세가 세계적으로 확산되고 있다는 증거가 아닐까 싶습니다.

이처럼 풀백의 유형과 포지셔닝은 점점 다양해지고 있습니다. 이는 팀 전술을 파악하는 열쇠도 되므로 여러분도 꼭 주목해서 살펴보길 바랍니다.

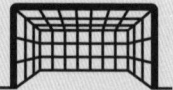

골키퍼(GK)

유럽 축구에서는 '골키퍼의 필드 플레이어화'가
빠르게 진행되었습니다만,
저는 여전히 '골문을 지키는 능력'이 골키퍼에게
가장 중요한 능력이라고 생각합니다.
누가 뭐래도 골키퍼는 '최후의 보루'이기 때문입니다.

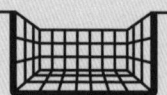

[골키퍼(GK)]
골키퍼의 필드 플레이어화가 진행중

'골문을 지키는 능력'이 가장 중요합니다

골키퍼 역시 지금까지 이야기한 수비수와 마찬가지로 예전에 비해 공격과 관련된 임무가 많이 증가했습니다. 특히 유럽축구에서는 최근 10년 사이에 '골키퍼의 필드 플레이어화'가 빠르게 진행되었습니다.

그러나 저는 여전히 '골문을 지키는 능력'이 골키퍼에게 가장 중요한 능력이라고 생각합니다. 누가 뭐래도 골키퍼는 '최후의 보루'이기 때문입니다.

그러므로 골키퍼에게 있어 가장 중요한 능력은 당연히 '슛 스토핑 능력'입니다. 이를 위해서는 순수한 반사 신경 외에 포지셔닝, 준비·예측, 지시(동료에게 코스를 차단하도록 지시해 슛 코스를 한정시킵니다) 등이 중요합니다. 또한 앞을 지나치게 예측하지 않는 것도 중요합니다. 특히 1 대 1이나 크로스에서 이어지는 다이렉트 슛은 근거리이기에 아무래도 먼저 움직이고 싶어지기 마련이지만, 사실은 '끝까지 참을 수 있느냐 없느냐'가 매우 중요합니다.

이런 골키퍼로서의 기초 능력이 매우 높은 클래식형 중에서는 티보 쿠르투아(레알 마드리드), 얀 오블락(아틀레티코 마드리드), 잔루이지 돈나룸마(파리 생제르맹)가 세계 정상급 골키퍼입니다. 그들은 보고도 믿기지 않을 정도의 빅 세이브를 거의 매 경기 보여줍니다. 협응력(자신의 몸을 상황에 맞춰서 자유롭게 조종하는 능력)이 발군이어서, 세이빙 자체가 반할 만큼 아름답습니다.

티보 쿠르투아의 슈퍼 세이브와 1 대 1 장면 해부
이 영상은 쿠르투아의 공중볼 대응, 1 대 1 상황 대처, 공간 장악력 등 주요 선방 장면을 실제 경기 장면 위주로 분석합니다. 특히 하이볼 클레임, 빠른 반사신경, 침착한 포지셔닝을 통해 골문을 지켜내는 그의 플레이를 전술적으로 살펴볼 수 있습니다.

또한 골키퍼는 사이즈와 위압감도 굉장히 중요합니다. '후방에서의 롱볼, 측면이나 코너킥에서의 크로스를 골키퍼가 앞으로 나와서 처리할 수 있느냐 없느냐'는 팀의 수비력을 크게 좌우합니다.

그 정확성과 위압감은 역시 쿠르투아가 발군입니다. 사이즈가 있음에도 하이볼 처리가 서툰 골키퍼가 적지 않은 가운데, 펀칭을 할지 직접 잡을지에 대한 판단, 쳐낼 때의 방향과 강도 등이 전부 완벽합니다.

2023-2024시즌에는 부상으로 장기간 결장하게 되었는데, 복귀한다면 꼭 주목해서 지켜보길 바랍니다. (쿠르투아는 2023년 8월 훈련중 전방십자인대가 파열되어 시즌 대부분을 결장했으며, 2024년 5월 말 라리가 최종전에서 복귀한 뒤 챔피언스리그 결승전에서도 선발로 출전해 팀의 우승에 기여했습니다.-옮긴이)

그런 쿠르투아의 키는 200센티미터이며, 돈나룸마도 196센티미터의 거인입니다. 유럽의 정상급 골키퍼는 이제 190센티미터대가 표준으로, 180센티미터대 전반의 골키퍼는 183센티미터의 얀 좀머(인테르나치오날레 밀라노) 등 극소수에 불과한 상황입니다. 잡지 등에서도 키가 185센티미터면 "현대의 골키퍼로서는 조금 작은 편"이라고 말할 정도입니다. 무서운 시대가 된 것입니다.

그런 장신의 골키퍼가 가지는 이점은 상당히 많습니다. 하이볼 처리는 물론이고 인플레이 중의 슛 스토핑(상대의 슛을 막아내는 능력), 그리고 페널티킥에서도 사이즈(키와 손발의 길이)가 골키퍼에게 절대적인 무기가 되어주는 것은 분명한 사실입니다. 저 또한 현역 시절에 사이즈와 위압감이 있는 골키퍼를 상대할 때면 왠지 골대가 작아 보이곤 했습니다.

필드 플레이어로서의 역할이 요구되기도 합니다

한편 쿠르투아나 오블락, 돈나룸마에게는 조금 부족한 빌드업 능력(발 기술이나 판단력)과 하이 라인(높은 수비 라인)의 후방을 커버할 수 있는 넓은 행동 범위 등을 갖춘 유형도 늘고 있습니다.
 이 모던형의 골키퍼로는 마누엘 노이어(바이에른 뮌헨)가 이른바 롤 모델이며, 알리송 베커(리버풀), 에데르손(맨체스터 시티), 마르크안드레 테어 슈테겐(바르셀로나), 안드레 오나나(맨체스터 유나이티드), 그리고 마이크 마이냥(AC 밀란) 등이 대표적인 선수입니다.
 공격 국면에서 그들은 사실상 필드 플레이어로서 기능합니다. 세로 방향의 쇼트 패스는 물론이고, 중앙에 패스 코스가 없을 때는 측면으로 미들 패스, 나아가 전방으로 롱 패스 등을 상황에 맞춰 교묘히 구사합니다. 에데르손이나 알리송은 롱 패스의 비거리도 길어서 패스 한 번으로 단번에 결정적인 기회를 만들기도 하므로 맨시티나 리버풀의 경기를 볼 때는 관심 있게 지켜보길 바랍니다.

특히 하이 라인의 점유율형 팀에는 이 같은 모던형의 골키퍼가 반드시 필요합니다. 골키퍼의 유형이나 능력은 팀의 전술 자체를 크게 좌우합니다. 맨시티는 2017년에 에데르손, 리버풀은 2018년에 알리송을 영입한 뒤로 팀이 크게 바뀌었던 것이 그 예입니다. 최근의 알기 쉬운 사례로는 AC 밀란이 있습니다.

AC 밀란은 2021년 여름에 클래식형 골키퍼인 돈나룸마가 계약 만료로 팀을 떠나자 그 대신 모던형 골키퍼인 마이낭을 영입했는데, 그 결과 하이 라인이 가능해졌을 뿐만 아니라 빌드업에 골키퍼를 포함시킴으로써 '플러스 1'의 수적 우위를 만들어내는 데 성공했습니다. 마이낭은 현재 AC 밀란의 빌드업에서 실질적인 레지스타(사령탑)를 담당하기에 이르렀습니다. 골키퍼의 이런 역할은 10여 년 전에는 생각할 수도 없었던 일입니다.

역시 진중한 골키퍼가 믿음직스럽습니다

여담이지만, 경기중에는 골키퍼의 행동에도 주목해보길 바랍니다. 개인적인 의견이지만, 위기를 맞이했거나 실점했을 때 주위의 동료에게 고함을 치며 화내는 유형은 조금 불안하게 느껴집니다. 제일 후방을 지키는 선수이기에 진중하게 행동하며 책임을 탓하지 않고 오히려 주위를 격려해주는 유형이 더 신뢰가 갑니다.

이 정신적인 측면에 관해서 이야기하면, 골키퍼에게는 침착함 외에 회복 탄력성도 매우 중요합니다. 절대로 실점하지 않는, 그리고 절대로 실수하지 않는 골키퍼는 이 세상에 단 한 명도 존재하지 않습니다. 누구나 한 시즌에 수십 번은 상대에게 골을 허용하는데, 그럴 때 긍정적인 마음가짐을 유지하고 자신은 물론 팀원들을 고무할 수 있는지가 매우 중요한 것입니다.

저는 해설중에도 실점한 직후의 골키퍼의 표정이나 행동을 유심히 살펴보는데, 씩씩한 표정으로 "기분 전환하고 되갚아주자!"라는 식의 몸짓을 보여주는 골키퍼에게는 매우 호감을 느낍니다. 방송중에도 잠깐 보여주고 지나가는 장면이기는 하지만, 여러분도 꼭 한번 주목해서 살펴보길 바랍니다.

CHAPTER 4

포메이션으로
경기의 흐름을
한눈에 읽기

> "축구에서의 포메이션은
> 숫자가 아니라 움직임이다."

호셉 과르디올라
(현대 축구 전술의 흐름을 바꾼 명장)

경기에서의 배치, 즉 포메이션은 축구 팀의 전략과 철학을 가장 직접적으로 드러냅니다. 같은 11명이더라도 어떤 방식으로 서느냐에 따라 공격과 수비의 색깔은 완전히 달라집니다. 4-3-3, 4-2-3-1, 3-5-2처럼 다양한 포메이션에는 각기 다른 목적과 움직임이 담겨 있습니다.

이 장에서는 대표적인 포메이션들의 특징과 그 안에서 각 포지션이 어떻게 유기적으로 움직이는지를 살펴봅니다. 포메이션을 이해하면 감독의 의도와 경기의 전술 흐름이 훨씬 명확하게 보입니다. 그리고 축구를 보는 눈이 한층 넓어질 것입니다.

초기 배치가
머릿속에 들어 있어야 합니다

축구에서 포메이션(선수들이 그라운드에 배치되는 기본 구조)은 매우 중요한 요소 중 하나입니다. 경기를 보는 눈을 기르기 위해서는 절대 피할 수 없는 영역이며, 각 포메이션의 특징을 파악하고 있으면 경기를 더욱 깊게 즐길 수 있습니다.

최근에는 포메이션을 '초기 배치'라고 표현하는 경우도 있습니다. 경기 상황에 따라 선수들의 위치와 역할이 바뀌며 포메이션이 전환되는 이른바 '가변 포메이션'이 세계적으로 침투한 결과, 90분 내내 같은 포메이션을 유지하는 팀을 보기가 오히려 힘들어졌기 때문입니다. 초기 배치는 3-4-3, 빌드업을 할 때는 3-2-5, 수비할 때는 4-4-2와 같은 식으로 포메이션을 변형시키는 팀이 늘어났습니다.

하지만 포메이션이 계속 변한다고 해도 기반이 되는 포메이션(초기 배치)은 어떤 팀에든 반드시 존재합니다. 2장에서도 잠시 언급했듯이, 저는 선발 멤버가 발표되었을 때 초기 배치가 어떨지 어느 정도 미리 예상한 다음, 킥오프 후에 확인합니다. 먼저 가장 알기 쉬운 '최종 라인의 인원수'를 보고 4백*인지 3백*인지 이해한 뒤에 중원과 전방의 배치를 살펴보면 전체적인 그림이 잘 보일 것입니다.

> **4백(Four-Back)**
> 수비 라인을 네 명으로 구성하는 전형적인 수비 시스템입니다. 중앙 수비수(CB) 두 명과 측면 수비수(SB) 두 명으로 이루어지며, 균형 잡힌 수비와 공격 가담이 가능한 구조입니다. 현대 축구에서 가장 널리 쓰이는 포메이션 중 하나입니다.

> **3백(Three-Back)**
> 수비수를 세 명만 두고, 측면은 윙백이 커버하는 전술입니다. 3백은 수비 인원을 줄인 만큼, 윙백의 활약과 수비 간의 유기적인 움직임이 필수적입니다. 경기중 상황에 따라 3백을 4백으로 전환하기도 합니다.

3백인가, 4백인가? 수비 전술의 모든 것
이 영상에서는 현대 축구의 대표적인 수비 전술인 3백과 4백 시스템의 차이를 전술적 관점에서 깊이 있게 다룹니다. 각 포메이션의 강점과 약점, 그리고 실제 경기 장면을 보여주며 어떤 상황에서 더 효과적인지도 쉽게 풀어 설명합니다.

당연한 말이지만, 이 초기 배치가 머릿속에 들어 있지 않으면 경기가 진행되면서 포메이션이 어떻게 변형되었는지 이해하지 못합니다. 그래서 저는 해설할 때 최대한 알기 쉽게 설명하려고 노력하지만, 팬 여러분도 경기를 볼 때는 먼저 초기 배치를 확실히 파악해두길 바랍니다.

피치(경기장) 위의 선수는 해설자나 팬처럼 높은 곳에서 넓은 시야로 경기를 내려다볼 수가 없을 뿐만 아니라 눈앞의 상황에 집중해야 합니다. 그래서 경기중에 포메이션에 관해서 생각하는 일은 결코 많지 않습니다. 다만 유럽의 정상급 리그에서는 훈련이나 미팅을 통해서 철저히 교육하기 때문에 상대와 상황에 맞춰서 포메이션을 바꿀 수 있는 팀이 많습니다.

[4-4-2]
밸런스가 좋은 정석 포메이션

4-4-2는 '세로 105미터×가로 68미터'의 피치 전체를 가장 균형 있게 커버할 수 있는, 축구에서 가장 정석적인 포메이션입니다.

역사적으로 보면, 1980년대 후반에 아리고 사키 감독이 이끄는 AC 밀란이 4-4-2로 일대 선풍을 일으킴에 따라 1990년대에 세계적으로 4-4-2가 맹위를 떨치며 크게 유행했습니다. 다만 최근에는 4-4-2를 운용하는 클럽 팀이 꽤 줄어들었습니다.

그래도 잉글랜드에는 〈FourFourTwo〉라는 잡지가 있을

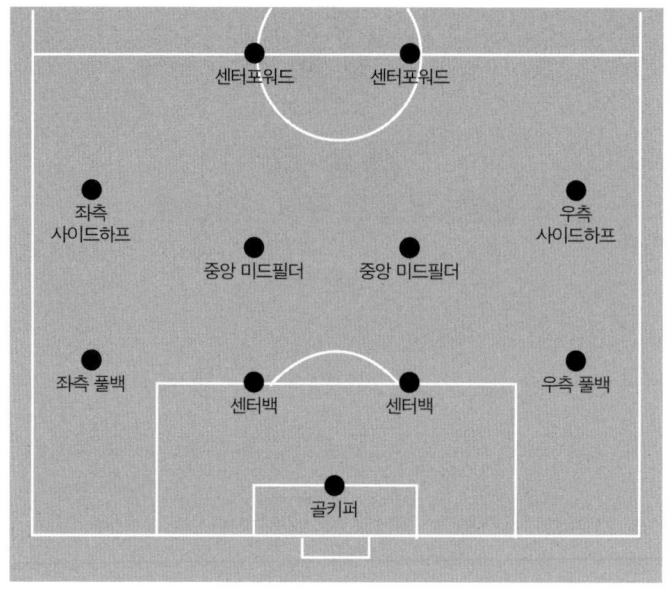

정도로 전통적인 포메이션입니다. 그리고 프리미어리그에서는 아직 4-4-2를 운용하는 클럽을 볼 수 있습니다. 2023-2024시즌에는 우나이 에메리 감독의 애스턴 빌라, 빈센트 콤파니 감독의 번리 등이 4-4-2를 채용했습니다. 라리가에서는 라파엘 베니테스 감독의 셀타 비고, 호세 보르달라스 감독의 헤타페, 마르셀리노 감독의 비야레알이 4-4-2를 채용했습니다. 포르투갈의 프리메이라리가에서는 세르지우 콘세이상 감독의 포르투가 4-4-2를 채용했습니다.

우나이 에메리 감독의 4-4-2 비밀 병기
이 영상은 애스턴 빌라 에메리 감독의 4-4-2 시스템이 어떻게 촘촘한 수비 블록과 빠른 공격 전환을 동시에 구현하는지를 분석합니다. 전술 캠 시점으로 수비 라인의 움직임과 전환 타이밍을 세밀하게 보여주며, 그의 전술이 실전에 어떻게 적용되는지 전달합니다.

4-4-2의 장점은 약속 사항이 단순해 온갖 팀에서 운용이 가능하며, 단시간에 일정 수준의 완성도까지는 도달할 수 있다는 것입니다. 2022년 개최된 카타르 월드컵에서 우승한 아르헨티나 대표팀이 4-4-2를 채용했듯이, 클럽 팀에 비해 연습 시간이 한정될 수밖에 없는 국가대표팀에는 좋은 포메이션이라고 생각합니다.

반면에 4-4-2의 단점은 너무나도 정석인 까닭에 이제는 무수히 많은 대항책이 정립되어 있다는 것입니다. 가령 4-4-2를 채택했을 때 공격의 경우, 대각선의 패스 코스를 만들기 어려워 패스 루트가 단조로워지는 경향이 있습니다. 수비의 경우도 라인 사이의 간격이 벌어지면 위치적인 우위성을 잃어 자칫 수비가 붕괴되기 쉬우며, 상대 팀 투톱의 측면으로 공이 운반되었을 때 슬라이드*가 늦어지면 힘든 대응을 강요받게 됩니다.

> **슬라이드(Slide)**
> 수비 전술인 슬라이드는 공의 위치에 따라 팀 전체 수비 블록이 가로 방향으로 집단적으로 이동하는 전술적 움직임을 뜻합니다. 가령 공이 왼쪽으로 이동하면 팀의 수비 조직 전체가 좌측으로 슬라이딩하듯 이동하고, 이때 반대편 윙어나 풀백은 대각선 후방 커버에 들어가 균형을 유지합니다.

참고로, 이 4-4-2는 배치의 균형이 잘 잡혀 있고 지역 수비의 담당 구역이 명확하기 때문에 수비할 때 이 포메이션으로 변형시켜서 운용하는 경우가 많습니다. 예를 들어 초기 배치는 4-2-3-1이나 4-3-3이지만 수비할 때는 공격형 미드필더나 어느 한쪽의 인사이드 하프를 앞으로 밀어내 4-4-2의 형태가 되는 식입니다.

2022년 카타르 월드컵의 아르헨티나 대표팀

애스턴 빌라(2023-2024시즌)

포메이션으로 경기의 흐름을 한눈에 읽기 　　　　　　　　　　　　　141

[4-2-3-1]
공격형 미드필더의 역할이 중요

4-2-3-1은 4-4-2에서 파생된 포메이션입니다. 센터포워드 한 명을 공격형 미드필더로 내리고, 양 윙어는 더 높은 위치를 잡기도 합니다. 최전방에는 센터포워드 한 명만 배치되기 때문에 공격형 미드필더나 윙어가 적극적으로 페널티 에어리어 안으로 뛰어드는 등 원톱이 고립되지 않게 하는 것이 중요합니다.

 4-2-3-1 포메이션 채용은 한때 조금 감소하기도 했지만, 최근 수년 사이 또다시 유럽의 정상급 클럽에서 유행하고 있습니다. 2023-2024시즌에는 호셉 과르디올라 감독의 맨체스

터 시티, 에릭 텐하흐 감독의 맨체스터 유나이티드, 엔지 포스테코글루 감독의 토트넘, 마우리시오 포체티노 감독의 첼시, 로베르토 데 제르비 감독의 브라이튼, 토마스 투헬 감독의 바이에른 뮌헨 등이 4-2-3-1을 채용했습니다.

4-4-2 포메이션에서 핵심이 되는 포지션은 공격형 미드필더입니다. 공격형 미드필더가 미드필더적인 역할을 수행하면 중원의 인원수를 담보할 수 있지만, 너무 아래로 내려가면 원톱이 고립되어 피니시 상황에서 골대 앞의 인원수를 확보하

> **세컨드 톱(Second top)**
> 중앙 스트라이커(원톱) 바로 아래에서 플레이하는 공격수, 즉 지원형 공격수를 의미합니다. 최전방 공격수의 파트너로서 공격 전개를 돕고 직접 마무리도 노리는 다재다능한 역할을 수행합니다.

기가 어려워집니다. 이 10번의 포지션에 '미드필더 계열을 배치하느냐, 포워드 계열을 배치하느냐'에 따라 팀의 색깔이 크게 달라집니다.

가령 2023-2024시즌의 맨체스터 시티는 케빈 더 브라위너가 부상으로 전반기를 결장했기 때문에 본래 센터포워드인 훌리안 알바레스를 공격형 미드필더의 포지션에 배치하고 세컨드 톱*과 같은 역할을 맡겼습니다. 즉 중원의 임무는 미드필더와 가변해서 높은 위치로 올라오는 수비수에게 어느 정도 맡기고 알바레스를 좀더 포워드적으로(공격적으로) 사용한 것입니다.

또한 2023-2024시즌의 토트넘에서는 2023년 7월에 새로 취임한 엔제 포스테코글루 감독이 좀더 미드필더의 색깔이 강한 제임스 매디슨을 공격형 미드필더에 기용하고 사령탑의 임무를 부여했습니다. 그리고 공격 시에는 이른 단계에서 양 윙어를 중앙의 3레인(그라운드를 세로로 5등분했을 때, 가운데에 해당하는 3개의 구역)에 집중시켜 센터포워드의 고립을 방지했습니다.

한편 브라이튼은 양 측면 모두를 겸비한 팀이었습니다. 공격형 미드필더의 포지션에 포워드 유형인 대니 웰벡과 주앙 페드로, 미드필더 유형인 훌리오 엔시소와 아담 랄라나를 상대와 상황에 맞춰 기용한 것입니다. 똑같은 4-2-3-1이라도 공격형 미드필더의 캐릭터에 맞춰 빌드업 방식에 미묘한 변화를 주는데, 데 제르비 감독을 볼 때마다 '역시 전술가구나' 하고 감탄합니다.

이처럼 선수의 캐릭터, 팀의 스타일, 변형 방식, 상대에 따라 공격형 미드필더의 인선이 달라집니다. 그러므로 4-2-3-1을 채용한 팀의 경기를 볼 때는 이런 점도 의식하면서 보길 바랍니다.

'전술 마스터' 데 제르비의 4-2-3-1
이 영상은 브라이튼 데 제르비 감독의 4-2-3-1 포메이션 운영 방식을 전술적으로 정밀 분석합니다. 빌드업 구조, 2선 움직임, 공간 창출 방식까지 그의 축구 철학이 어떻게 녹아 있는지를 실제 경기 장면을 통해 생생하게 보여줍니다.

토트넘(2023-2024시즌)

브라이튼(2023-2024시즌)

[4-3-3]
현재 가장 대세인 포메이션

4-3-3은 현재 유럽축구에서 가장 대중적인 포메이션입니다. 초기 배치 단계에서 피치(경기장)에 가장 많은 삼각형을 만들 수 있는 포메이션으로, 공격할 때 넓은 공간을 확보하기도 용이해 점유율/포지션 플레이를 지향하는 팀과 상성이 매우 좋습니다. 점유율/포지션 플레이의 대표 주자인 과르디올라 감독도 비록 2023-2024시즌에는 이런저런 사정으로 4-2-3-1을 중용했지만 감독 커리어 전체를 보면 4-3-3을 가장 많이 사용했습니다.

4-3-3은 전체적으로는 공격적인 포메이션이라고 말할 수

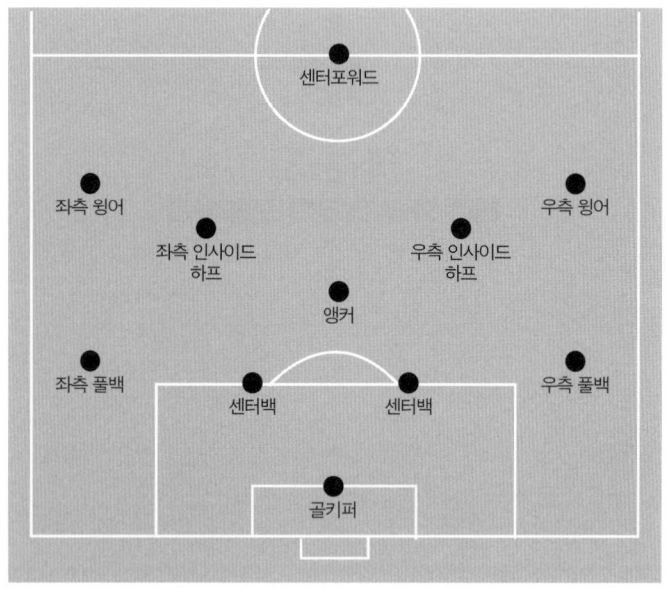

있습니다. 빌드업의 국면에서 '좌측 윙어, 좌측 인사이드 하프, 센터포워드, 우측 인사이드 하프, 우측 윙어'를 높은 위치에 두면 5레인(공격 시 필드를 세로로 5등분한 구분 방식)에 각각 한 명씩 배치할 수 있습니다. 여기에 강력한 윙어를 보유하고 있다면, 측면에서 1 대 1 돌파로 결정적인 기회를 만들어낼 수도 있습니다.

반면에 역삼각형인 중원은 공수 양면에서 해야 할 일이 많고 커버해야 할 지역도 넓어, 미드필더 개인의 수준이 높지

정상급의 앵커 없이는 4-3-3이 무너진다

이 영상은 펩, 아르테타 등 명장들이 4-3-3 전술에서 수비형 미드필더(앵커)의 핵심 역할을 어떻게 활용하는지를 실제 경기 장면을 통해 분석합니다. 앵커가 없을 경우 생기는 라인 간 붕괴, 측면 커버 실패, 전방 압박 단절 등의 구조적 문제를 설명합니다.

않으면 제대로 기능하지 않는 포메이션이기도 합니다. 특히 4-3-3에서의 앵커는 '빌드업의 기점인 동시에 최종 라인의 거름망'이라는 굉장히 어려운 임무를 맡고 있어 부담이 매우 큽니다.

실제로 과거 10년 사이의 챔피언스리그 우승팀 중 4-3-3 포메이션을 채용했던 팀들을 살펴봐도, 바르셀로나는 세르히오 부스케츠(현재 인터 마이애미), 레알 마드리드는 카세미루(현재 맨체스터 유나이티드), 리버풀은 파비뉴(현재 알이티하드), 맨체스터 시티는 로드리 등 하나같이 앵커에는 세계 정상급의 선수가 있었습니다. "공수에서 우수한 정상급의 앵커가 없으면 4-3-3은 기능하지 않는다"라고 이야기해도 과언은 아닐 것입니다.

2023-2024시즌에도 미켈 아르테타 감독의 아스널, 위르겐 클롭 감독의 리버풀, 사비 감독의 바르셀로나, 이마놀 알

구아실 감독의 레알 소시에다드, 스테파노 피올리 감독의 AC 밀란, 마우리치오 사리 감독의 라치오, 루이스 엔리케 감독의 파리 생제르맹 등 챔피언스리그에 진출한 클럽을 포함해 유럽의 수많은 클럽이 4-3-3을 채용했습니다. 앞으로도 한동안은 이 추세가 계속될 듯합니다.

아스널(2023-2024시즌)

바르셀로나(2023-2024시즌)

[4-3-1-2]
중원에서 주도권을 잡기가 용이

4-3-1-2는 중앙 지역에 인원수가 많기 때문에 중원에서 주도권을 잡기 쉬운 포메이션입니다. 다만 4-3-1-2에서는 순수한 윙어가 없기 때문에 측면을 누가 담당할지가 명확하지 않으며, 공격이 자칫 중앙으로 편중되기 쉽다는 약점도 안고 있습니다.

2000년대에는 카를로 안첼로티 감독의 AC 밀란이 이 4-3-1-2와 그 파생형인 4-3-2-1을 병용해 챔피언스리그를 두 차례나 우승했습니다. 앵커에 안드레아 피를로, 인사이드 하프에 클라렌스 세도르프와 젠나로 가투소, 공격형 미드필

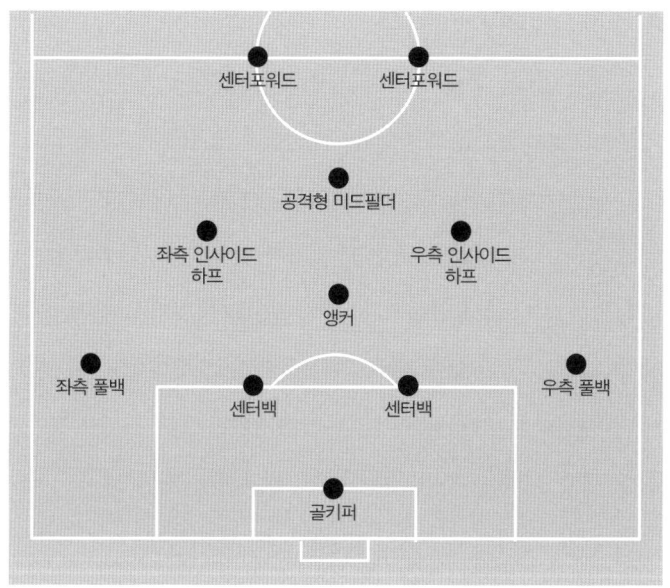

더에 카카가 포진한 당시 AC 밀란의 중원은 세계 최고 수준의 경기력을 자랑했습니다.

그 영향으로 2000년대부터 2010년대 중반까지 특히 세리에 A에서 4-3-1-2가 유행했지만, 최근 10여 년 사이에는 이를 채용하는 팀이 크게 줄어들었습니다. 선수 배치의 무게 중심을 약간 후방에 두는 포메이션이기에 공격 축구가 찬양받는 현대에는 사용하기가 조금 어려운지도 모르겠습니다. 2022-2023시즌을 봐도 레알 소시에다드와 엠폴리 등 극소수의 팀만이 채용했습니다.

그런데 2023-2024시즌에는 레알 마드리드가 4-3-1-2를 기본 포메이션으로 채용했습니다. 게다가 감독은 바로 2001~2009년에 AC 밀란의 지휘관이었던 안첼로티입니다. 2022년 발롱도르상을 받은 카림 벤제마가 2023년 7월에 레알 마드리드를 떠나면서 원톱으로 세울 월드클래스가 없어진 반면에 중원에는 루카 모드리치, 토니 크로스, 오렐리엥 추아메니, 페데리코 발베르데, 에두아르도 카마빈가, 다니 세바요스, 그리고 새로 가세한 주드 벨링엄 등 훌륭한 인재가 많아서, 분명히 레알의 인적 자원을 고려했을 때 합치하는 포메이션입니다. 게다가 공격형 미드필더로 발탁된 벨링엄이 기대 이상으로 이 포지션에 잘 맞는 적임자였으며 개막 초반부터 골을 양산한 덕분에 팀이 빠르게 정상 궤도에 오를 수 있었습니다.

2023-2024시즌의 개막 초반에는 투톱으로 기용된 비니시우스 주니오르와 호드리구가 원래는 윙어였기 때문에 처음에

안첼로티의 4-3-1-2에서 벨링엄이 핵심인 이유
이 영상은 레알 마드리드 안첼로티 감독의 4-3-1-2 전술에서 스트라이커 없이 운영되는 '제로톱' 시스템을 중심으로, 벨링엄이 어떻게 그 핵심 역할을 수행하는지 분석합니다. 벨링엄의 다재다능함이 어떻게 팀의 전술을 완성시키는지 실제 경기 장면을 통해 설명합니다.

는 조금 어색함도 보였습니다. 다만 투톱이 상황에 맞춰서 측면으로 이동해 공격을 전개하는 패턴이 효과적으로 기능하면서 그들도 활발하게 경기를 뛰게 되었습니다. 현대 축구에는 희소한 포메이션이 된 4-3-1-2를 채용한 안첼로티의 레알이 앞으로 어떤 진화를 이룩할지 기대됩니다. (레알 마드리드는 4-3-1-2를 채택한 2023-2024시즌에 라리가 우승, 챔피언스리그 우승이라는 눈부신 성과를 일궈냈습니다.-옮긴이)

AC 밀란(2003-2004시즌)

레알 마드리드(2023-2024시즌)

[3-4-2-1]
5레인 공격에 대한 한 가지 대책

2010년대의 유럽축구계는 대부분의 팀이 4백을 바탕으로 한 전술을 사용하던 시기였습니다. 공격과 수비의 균형을 맞추기 쉬운 구조 덕분에 안정적인 시스템으로 자리 잡았던 것입니다.

하지만 최근 수년 사이에는 3백을 채용한 팀이 급격히 증가했습니다. 그 이유는 크게 두 가지입니다.

첫째, 수비에서는 현재 가장 대중적인 포메이션인 4-3-3에 대한 대책이라는 측면이 큽니다. 앞에서 이야기했듯이 공격 시에 5톱*에 가까운 형태가 되는 팀이 많아졌기에, 4백

> **5톱(5-top)**
> 전방 공격진에 5명의 선수가 일시적으로 배치되는 전술적 구조를 의미합니다. 보통은 '측면 윙어 2명+중앙 스트라이커+인사이드 포워드(또는 윙백의 오버래핑 포함)' 형태로 만들어지며, 상대 수비 라인을 넓게 벌리고 빈 공간을 공략하는 데 목적이 있습니다.

으로는 수적으로 불리해지는 일이 늘어난 것입니다. 반면에 3-4-2-1이나 3-1-4-2는 양 윙백을 내리면 사실상 5백이 되므로, 5레인을 전부 채운 상태에서 수비할 수 있습니다.

특히 중앙 레인은 골대와 가장 가까운 공간이자, 상대 공격이 가장 자주 설계되는 핵심 구간이기 때문에 수비적으로 가장 위험한 지역으로 여겨집니다. 따라서 수적 균형을 유지한 채 중앙 레인을 효과적으로 지킬 수 있다는 점에서, 3백 시스템은 전술적으로 강력한 해법이 되는 셈입니다.

둘째, 공격의 측면에서는 3백 시스템은 기본적으로 중앙에 수비수를 세 명 배치하기 때문에 포메이션을 따로 바꾸지 않아도 최후미의 세 명으로 빌드업을 시작할 수 있다는 장점이 있습니다. 상대가 두 명으로 압박을 가한다면 수적 우위의 상태가 되고, 세 명으로 압박하더라도 동수이므로 골키퍼나 윙

백을 적절히 활용하면 공을 앞으로 운반하기가 용이합니다. 역습을 시도할 때도 '원톱+2섀도'를 앞에 배치하고 있기에 상대 팀의 골대와 가까운 거리에 있는 세 명이 단번에 공격을 마무리하는 패턴을 만들기 좋습니다.

3백 포메이션 중에서도 최근에 특히 많이 보이는 것이 3-4-2-1입니다. 2023-2024시즌에는 지안 피에로 가스페리니 감독의 아탈란타, 디노 토프묄러 감독의 프랑크푸르트, 프랑크 에스 감독의 RC 랑스, 루벤 아모림 감독의 스포르팅 등이 3-4-2-1을 채용했으며, AC 밀란이나 브라이튼처럼 전술 옵션 중 하나로 운용한 팀도 적지 않습니다.

3-4-2-1 포메이션의 핵심은 '양쪽 윙백'입니다. 초기 배치에서는 측면을 담당하는 유일한 존재로, 공수 양면에서 중대한 임무를 맡게 됩니다. 이 윙백이 공수에서 수준 높은 경기력을 발휘하지 못하면 3백 계열의 포메이션은 정체되기 쉽습니다. 끊임없이 위아래로 움직여야 해서 피로도가 엄청날 뿐만 아니라 감독이 교체 카드를 사용하는 일이 많은 포지션이기도 하므로, 3백 계열의 포메이션을 채용한 팀의 경기를 볼 때는 윙백에 각별히 주목해보길 바랍니다.

프랑크푸르트(2023-2024시즌)

스포르팅(2023-2024시즌)

포메이션으로 경기의 흐름을 한눈에 읽기

[3-1-4-2와 3-4-1-2]
상당한 운동량이 요구

3-1-4-2와 3-4-1-2는 중원의 중앙 지역이 '역삼각형이냐, 삼각형이냐'의 차이가 있을 뿐 기본적으로 같은 개념입니다. 중간을 묶어서 3-5-2로 표기하는 경우가 많지만, 저는 해설할 때 시청자가 좀더 이해하기 쉽도록 3-1-4-2, 3-4-1-2라는 표현을 사용하고 있습니다.

3백의 채용이 늘어난 이유는 3-4-2-1을 소개할 때 이미 설명한 바와 같은데, 최근 들어 특히 3-1-4-2의 복고 열풍이 불고 있습니다. 이쪽도 중앙 지역의 밀도가 높은 포메이션이어서 앵커가 공을 소유했을 때 패스 코스가 많다는 것이 큰

3-1-4-2

3-4-1-2

포메이션으로 경기의 흐름을 한눈에 읽기

특징이자 장점입니다. 반면에 단점은 앞에서 이야기했듯이 윙백의 부담이 크며, 나아가 인사이드 하프 역시 공격할 때는 세로 방향으로 질주하고 수비할 때는 거름망의 역할을 해야 하기에 상당한 운동량이 요구되며 부담도 매우 크다는 것입니다.

2023-2024시즌에는 시모네 인자기 감독의 인테르, 마시밀리아노 알레그리 감독의 유벤투스, 디에고 시메오네 감독의 아틀레티코 마드리드, 강팀을 상대할 때의 브렌트퍼드 등이 3-1-4-2를 채용했습니다.

특히 인테르의 S. 인자기 감독은 라치오 시절(2016~2021년)부터 이 3-1-4-2에 강한 집착을 품고 있습니다. 2023-2024시즌의 인테르도 핵심 포지션인 양 윙백에 덴젤 둠프라이스와 페데리코 디마르코, 인사이드 하프에 니콜로 바렐라와 헨리크 미키타리안이라는 운동량과 기술을 균형 있게 갖춘 훌륭한 재능을 가진 선수를 기용해서 파워 넘치는 축구를 전개

인자기 감독의 3-1-4-2 전술 구조
이 영상은 챔피언스리그 경기에서 인테르가 3-1-4-2 또는 3-5-2 형태로 전환해 보여준 전술 구조를 분석합니다. 백3 빌드업, 더블 피벗의 운용, 윙백의 오버래핑과 중앙 공간 창출, 하이 블록 유지 전략 등을 실제 경기 장면을 통해 구체적으로 해설합니다.

했습니다. 3-1-4-2의 모범과도 같은 팀이니, 이 포메이션을 본 적이 없는 팬이라면 인테르의 경기를 꼭 한번 관전해보길 바랍니다.

　또한 2023-2024시즌의 브렌트퍼드도 굉장히 흥미로운 팀이었습니다. 중앙 지역을 굳게 수비해 상대를 측면으로 몰아내고 박스 안에서 크로스를 클리어해 끈기 있게 수비하며, 신체 능력이 뛰어난 브라이언 음뵈모와 요안 위사에게 단숨에 공을 전개해 박력 있는 역습을 시도합니다. 브렌트퍼드가 첼시에게 승리하고 토트넘, 아스널, 맨체스터 유나이티드와도 좋은 승부를 연출한 것을 보면 이 전술의 가능성은 검증되었다고 말할 수 있지 않나 싶습니다.

인테르(2023-2024시즌)

브렌드퍼드(2023-2024시즌)

[가변 포메이션]
이제는 전술의 기본값이 되다

지금까지 소개한 4-4-2, 4-2-3-1, 4-3-3, 4-3-1-2, 3-4-2-1, 3-1-4-2, 3-4-1-2 등은 어디까지나 초기 배치일 뿐입니다. 요즘은 공격할 때는(특히 빌드업을 할 때) 포메이션을 바꾸는 경우도 많고, 기본적으로는 초기 배치를 유지하는 경향이 강한 수비 상황에서도 상대에 따라서는 선수의 위치를 바꾸는 팀이 늘고 있습니다.

그래서 유럽 정상급 무대의 경기를 볼 때는 '초기 배치에서 어떻게 포메이션을 바꾸는가'가 중요한 관전 포인트 중 하나가 됩니다. 풀백이 중앙 미드필더가 되기도 하고, 앵커가 센

과르디올라 감독의 가변 포메이션 전략
이 영상은 맨체스터 시티가 4-2-3-1 또는 4-3-3으로 출발한 뒤 순식간에 3-2-5 혹은 3-1-5-1로 전환하는 전략을 분석합니다. 전환 시 풀백/센터백의 위치 변화, 미드필더진의 위치 변화, 공격진의 거리 조절이 수적 우위와 효과적 압박을 동시에 창출하는 과정을 해설합니다.

터백이 되기도 하며, 윙어가 윙백이 되기도 하는 등 선수들이 정신없이 포지션을 바꿉니다. 특히 과르디올라 감독의 맨시티는 4-2-3-1이나 4-3-3에서 3-2-5나 3-1-5-1로 순식간에 이행합니다. 그 노림수(의도)와 재현성을 이해할 수 있다면 틀림없이 축구가 더욱 재밌어질 것입니다.

가변 포메이션의 가장 큰 장점은 공격할 때 선수의 위치가 바뀌기에 수비 측의 기준점이 모호해져서 압박이나 마크를 회피하기가 용이하다는 것입니다. 당연히 공을 앞으로 운반하기도 쉬워집니다.

반대로 단점은 초기 배치 진형을 스스로 무너뜨리기 때문에 특히 네거티브 트랜지션('공격 → 수비'로의 전환)에서 상대에게 공간을 허용하기 쉽다는 것입니다. 그래서 가변 포메이션을 도입한 팀은 재빠른 카운터 프레싱*이 필수입니다.

또한 빌드업을 할 때도 리스크와 마주하게 됩니다. 가령 공

> **카운터 프레싱(Counter-pressing)**
> 공을 잃은 직후, 상대가 역습을 시작하기 전에 즉시 강하게 압박해 다시 공을 탈환하려는 전술입니다. 전통적인 수비 전환과 달리, 수비 진형을 갖추기보다는 공을 잃은 위치 근처에서 수적 우위를 활용해 빠르게 탈취를 시도합니다.

격할 때 우측 풀백이 중앙 미드필더가 되는 팀이 해당 포지션 이행 과정에서 공을 빼앗기고 우측 측면에 생긴 빈 공간을 돌파당해 위기에 몰리는 상황도 적지 않게 발생합니다.

저도 도쿄대학교 감독 시절에 가변 포메이션(초기 배치 3-4-2-1 → 수비 시 4-4-2로 가변)으로 경기를 치르던 시기가 있었습니다. 당시 '이 네거티브 트랜지션에서 어떻게 대응할 것인가'가 항상 저의 고민거리였습니다.

요컨대 가변 포메이션은 장점과 단점이 모두 있는, 리스크가 큰 전술입니다. 그럼에도 최근 수년 사이에 유럽의 정상급 무대에서 가변 포메이션에 도전하는 감독이 급증한 이유는 과르디올라의 성공과 이에 따른 공격 축구의 유행에 있다고 생각합니다. 이것은 공격적이고 골이 많이 나오는 경기가 자연스럽게 늘어나는 결과로 이어지므로, 축구를 사랑하는 사람들에게는 환영할 만한 흐름일 것입니다.

CHAPTER 5

현대 축구의
흐름을 바꾼
위대한 명장들

"
감독이 바꾸는 것은 전술이 아니라,
팀의 사고방식이다.
"

아르센 벵거
(아스널의 철학을 만든 전설적인 감독)

현대 축구는 '감독의 시대'라고도 불립니다. 감독의 철학과 전술이 팀 전체의 색깔을 좌우하며, 때로는 선수보다 더 큰 영향력을 행사하기도 합니다.

이 장에서는 세계 축구의 흐름을 바꿔놓은 명장들을 소개합니다. 그들이 어떤 아이디어로 팀을 변화시켰는지, 어떤 전술적 유산을 남겼는지를 살펴보며 축구를 바라보는 관점을 넓혀봅니다. 감독을 알면 경기의 맥락이 보이고, 전술의 흐름이 읽히기 시작합니다. 여러분이 좋아하게 될 감독이 이 안에 있을지도 모릅니다.

[호셉 과르디올라]
끝없는 탐구심과 발전 욕구

ⓒ 맨체스터 시티 FC

[출생] 1971년 1월 18일
[국적] 스페인
[감독 경력]
- 2007~2008 바르셀로나B
- 2008~2012 바르셀로나
- 2013~2016 FC 바이에른 뮌헨
- 2016~맨체스터 시티 FC

2016년부터 맨체스터 시티를 이끌고 있는 호셉 과르디올라는 명실상부한 세계 최고의 명장입니다. 펩(과르디올라의 애칭)에 대해서 제가 무엇보다 감탄하는 점은, 그의 끝없는 탐구심과 발전 욕구입니다.

그는 '포지션 플레이'를 비롯해 '가짜 센터포워드' '가짜 풀백', 나아가 '가짜 센터백' 등 새로운 개념을 만들어내며, 본래 있었던 전술을 현대식으로 업데이트하기도 합니다. 그런 참신한 발상을 선수들에게 주입시키고 팀으로서 기능하도록 만드는 것은 매우 흥미로울 뿐만 아니라 지도자로서도 해설자로서도 많은 공부가 됩니다.

감독이 선수에게 전술을 가르치고 실제 경기에서 팀을 기능시키는 것은 말하는 것만큼 간단한 일이 아닙니다. 펩이 제창하는 복잡하고 세세한 전술을 이미 실적을 낸 경험이 있는 정상급 선수로 가득한 메가 클럽에서 실현하는 것은 더더욱 어려운 일입니다.

그럼에도 바르셀로나(2008~2012년)와 바이에른 뮌헨(2013~2016년), 그리고 맨체스터 시티(2016년~)를 전부 참신한 팀으로 만드는 동시에 더할 나위 없는 위대한 결과를 남겨온 것은 그야말로 "놀랍다"고밖에 할 말이 없습니다. 축구에 대한 아이디어를 언어로 표현하는 능력, 그리고 선수들의 신뢰를 얻는 매니지먼트 능력이 높기에 가능한 일이었다고 저는 생각합니다.

펩의 '홀란드 활용법'은 훌륭합니다

펩의 축구는 바르셀로나, 바이에른 뮌헨, 맨시티를 거치는 과정에서 리그와 보유 선수의 특성에 맞춰 미묘하게 변화해왔습니다. 다만 '포지션 플레이를 지향한다'는 기본 바탕은 변하지 않았습니다. 후방에서의 꼼꼼한 빌드업을 중심으로 팀 전체를 콤팩트한 상태로 올려보내 공과 공간을 압도적으로 지배하는 초공격형 축구입니다.

최근 수년 사이의 맨시티를 보면 공격의 측면에서는 이른바 '포켓*'(84페이지의 그림 참조)을 찌르는 움직임을 매우 중요시하는 인상을 받습니다. 포켓을 의식적으로 연 다음 오프 더 볼(공을 가지고 있지 않은 상태에서의 움직임)의 움직임으로 선수가 파고드는 동시에 공을 보내고, 그곳에서 크로스나 짧은 패스

> **포켓(Pocket)**
> 일반적으로 수비 라인과 미드필드 라인 사이, 혹은 하프 스페이스 근처의 좁은 공간을 가리킵니다. 이 공간은 상대 수비의 시야와 마크에서 벗어나기 쉬워 플레이메이커나 세컨드 톱, 인사이드 포워드들이 침투해 패스를 받기에 좋은 위치로 활용됩니다.

후 슛으로 마무리하는 형태입니다.

  2022-2023시즌 이후의 전형적인 패턴은 케빈 더 브라위너가 우측 포켓으로 파고들어 중앙으로 크로스한 공을 엘링 홀란드가 마무리하는 형태입니다. 또한 우측 포켓에서의 크로스를 좌측 포켓으로 침입한 선수가 골대 안으로 욱여넣는 (혹은 좌우가 반대인) 형태도 있습니다. 수비 측은 몸이 향하고 있는 방향상 '우측 포켓 → 좌측 포켓'으로 공이 움직이면 막아내기가 매우 어렵습니다. 구조적으로 굉장히 영리한 공격 패턴이라고 생각합니다.

  2022-2023시즌은 홀란드가 맨시티에 가세한 첫해입니다. 2022년 5월 10일 맨체스터 시티는 도르트문트와의 합의를 통해 홀란드의 이적을 공식 발표했습니다. 펩은 그전까지 바르셀로나에서 사무엘 에투나 즐라탄 이브라히모비치, 바이에른 뮌헨에서 마리오 만주키치나 로베르토 레반도프스키, 맨시티에서 세르히오 아구에로나 가브리엘 제주스 등의 스트라이커와 함께 일해왔지만, 홀란드는 그들과 전혀 다른 개성을 지닌 센터포워드입니다.

  그래서 펩이 이 엄청난 인재를 어떻게 팀에 녹아들게 할지 저도 크게 주목했었는데, 역시 활용법을 제대로 만들어냈습니다. 구체적으로 보면 먼저 빌드업에 대한 관여는 최소화하고 항상 골대를 노리는 움직임을 반복하게 해서 상대의 최종 라인을 끌어내려 이로써 두 라인(수비수와 미드필더) 사이나 최종 라인 사이에 빈 공간을 만들어냈습니다.

이렇게 되면 마지막 30~50미터의 국면에서 홀란드가 대각선으로 질주해 그대로 공을 받아도 성공이고, 상대가 홀란드를 쫓아가느라 비게 된 공간으로 윙어나 미드필더가 달려들어가 패스를 받아도 성공인 구조가 됩니다. 그 결과, 맨시티는 지금까지 펩이 이끌었던 팀 중에서 가장 직접적이고 역동적인 팀이 되었습니다.

홀란드가 다이아고날 런(대각선 질주)을 하면 주위의 선수들이 여기에 맞추는 형태로 움직이니, 맨시티의 경기를 볼 때는 꼭 주목해서 살펴보길 바랍니다. 홀란드에게 빌드업에서는 최소한의 역할만을 맡기고 오프 더 볼의 움직임에 힘을 쏟게 함으로써 그의 특기인 스피드를 살립니다. 이 아이디어를 팀 전체에 공유하고 높은 수준으로 기능하게 한 펩의 수완은 "역

홀란드가 '대각선 질주'를 할 때 동료들의 움직임
이 영상은 홀란드의 대각선 질주(diagonal runs) 동선을 중심으로, 그에 맞춰 주변 동료들이 어떻게 공간을 창출하고 연계하는지를 분석합니다. 전술 분석 채널답게 장면별 멈춤과 화살표 등을 활용해 시청자의 이해를 돕습니다.

시 펩"이라는 감탄을 자아내게 합니다.

지금까지 이야기했듯이, 펩은 자신의 스타일에 절대적인 자신감을 품고 있으며 선수의 특징에 맞춰 전술을 미세 조정하는 능력도 발군입니다. 그래서 항상 '주도적인 스타일'이라는 이미지가 강하지만, 사실은 상대에 대한 세밀한 분석과 철저한 준비도 겸비한 지도자입니다.

바르셀로나 시절인 2009년에 리오넬 메시를 처음으로 '가짜 9번'에 배치했을 때도, 다음 경기 상대였던 레알 마드리드를 연구해 최종 라인의 구조적 약점을 찌르기 위한 전략적 선택이었다고 전해집니다.

여담으로, 본래 윙어나 공격형 미드필더인 선수를 센터포워드로 기용하고 초기 배치부터 포지션을 내려서 빌드업에도 관여시키는 '가짜 9번'에 대해 '메시가 원조이며 펩이 발명한 것'으로 아는 사람이 많은데, 이것은 사실이 아닙니다. 1950~1960년대의 알프레도 디 스테파노, 1960~1970년대의 요한 크루이프도 실질적으로 '가짜 9번'이었다고 하며, 2000년대에 들어온 뒤에도 2005-2006시즌에 AS 로마의 루치아노 스팔레티 감독이 프란체스코 토티를 가짜 9번의 포지션에 기용했습니다. 펩도 그 역사와 특징, 장점을 물론 알고 있었을 것입니다.

내 팀의 철학+상대 팀의 전술

다시 본론으로 돌아가서, 펩은 '축구는 상대가 있는 스포츠이므로 경기에 이기려면 그 상대를 연구하고 대책을 세워야 한다'라는 발상의 소유자입니다. 2023년 8월의 아스널전(FA 커뮤니티 실드)에서도 상대의 압박 진형에 대응하고자 빌드업을 할 때의 후방 배치를 평소의 '3센터백+2볼란치'에서 4백에 가까운 형태로 바꾸었습니다. 이런 부분에 대해 펩은 매우 치밀하고 적확하게 대응합니다. 자신들의 철학과 상대에 맞춘 대책을 절묘하게 혼합시키며, 포메이션도 4-3-3, 4-2-3-1, 3-2-5, 4-4-2 등을 자신들의 상태와 상대의 특징, 경기 상황 등에 맞춰 적절히 구사합니다. 특히 현재의 맨시티는 포메이션이 경기중에도 정신없이 변화할 뿐만 아니라 각각의 배치마다 노림수와 의도가 보여서 경기를 볼 때 굉장히 재밌습니다.

펩이 상대를 열심히 연구해 대책을 세운다는 사실은 수비를 봐도 알 수 있습니다. 그가 이끄는 팀은 언제나 선수진이 화려하다 보니 공격에 초점이 맞춰지는 경향이 있지만, 사실은 수비도 굉장히 치밀합니다. 펩이 바르셀로나 시절에 '5초 룰(공을 잃은 뒤 5초 동안은 전원이 전력으로 압박 플레이를 하는 전

> **하이 프레싱(High pressing)**
> 상대 진영의 깊숙한 곳, 즉 높은 지역에서부터 시작하는 강한 압박 수비 전술을 말합니다. 상대가 빌드업을 시작하는 순간부터 여러 명이 빠르게 압박해 공을 탈취하거나 실수를 유도하며 공격 전환을 빠르게 가져가는 전략입니다.

술)'을 도입한 것은 유명한 사례입니다.

지금의 맨시티도 특히 하이 프레싱*과 카운터 프레싱은 매우 높은 수준입니다. 점유율 축구로 상대를 몰아붙이고 있을 때도 전체적인 배치의 균형이 매우 좋기 때문에 카운터 프레싱이 용이한 것입니다. 설령 최초의 압박이 실패하더라도 팀 차원의 리스크 관리와 예방적 커버링(플레이의 흐름으로 인해서 발생할 공간을 예측해 메우는 것)이 철저해서 어딘가에서 공을 회수합니다. 그래서 2차 공격, 3차 공격이 가능하며, 거의 상대 팀의 진영에서만 플레이할 수 있는 것입니다.

아이디어, 공수 양면의 전술 입안, 상대에 따른 유연성! 펩은 '세계 최고의 명장'이라는 칭호가 너무나도 잘 어울리는 감독입니다. 그래서 그는 앞으로도 오랫동안 축구계를 이끌어갈 존재라고 생각합니다.

[위르겐 클롭]
게겐프레싱을 진화시킨 명장

© 리버풀 FC

[출생] 1967년 6월 16일
[국적] 독일
[감독 경력]
- 2001~2008 마인츠 05
- 2008~2015 보루시아 도르트문트
- 2015~2024 리버풀 FC
  (2025년 1월에 레드불 글로벌축구총괄로 취임 - 옮긴이)

위르겐 클롭은 펩과는 또 다른 스타일로 축구를 혁신한 명장입니다. 도르트문트(2008~2015년), 그리고 2015년부터 지휘봉을 잡은 리버풀에서 그가 보인 축구 전술의 공통점은 세로 방향의 속도를 무엇보다 중시한다는 것입니다. '공을 빼앗았다면 무조건 상대의 골대를 향해 나아간다'라는 의식이 철저합니다.

실제로 챔피언스리그와 프리미어리그를 제패하며 최전성기를 구가했던 2018~2020년경의 리버풀은 '최단 거리·최고 속도로 골대를 향해 달려가는 팀'이었습니다. 우측에 모하메드 살라, 좌측에 사디오 마네(현재 알나스르)라는 쾌속의 윙어를 배치하고, 공을 빼앗으면 재빨리 그들에게 넘겨서 순식간에 피니시까지 연결했습니다.

클롭은 '공의 소유를 통해서 공간과 게임을 지배하는 것'을 중시하는 펩과는 기본적으로 사상이 다른 감독이라고 말할 수 있습니다. 좀더 알기 쉽게 이야기하면 이런 식입니다. 공을 빼앗는 데 성공했을 때, 펩의 팀은 먼저 공을 확실히 소유하는 것을 중시하지만 클롭의 팀은 일단 세로 방향으로 공을 운반하면서 최대한 빠르게 상대 팀의 골대에 도달하려 합니다. 게다가 클롭이 지휘한 리버풀은 좌우의 아웃사이드 레인을 경유하지 않고 중앙의 3레인만으로 피니시까지 연결할 수 있는 패턴 플레이를 완성했습니다.

이와 같은 강렬한 스타일의 핵심이자 클롭의 대명사가 된

> **게겐프레싱(Gegenpressing)**
> 독일어로 '역(逆) 압박'을 뜻하며, 상대가 공을 탈취한 직후 곧바로 강하게 압박해 다시 공을 되찾는 전술입니다. 일반적인 수비 전환과 달리, 수비로 물러서지 않고 즉시 공 근처에서 집단적으로 압박해 상대의 전환을 차단하고 빠르게 다시 공격으로 이어갑니다.

것이 '게겐프레싱(카운터 프레싱의 독일어)*'입니다. 네거티브 트랜지션('공격 → 수비'의 전환)의 순간부터 공을 가진 상대 팀 선수에게 압박을 가해 즉시 공 탈환을 지향하는 플레이를 의미합니다.

게겐프레싱은 펩을 비롯해 지금은 전 세계의 감독이 채용하고 있는 기본적인 전술이지만, 클롭이 이끈 리버풀의 게겐프레싱은 특히 맹렬했습니다. '공을 가진 상대 팀 선수가 있는 측면'에 선수를 집중시켜서 공간을 압축해 상대를 드리블도 패스도 할 수 없는 상태로 몰아넣고는 순식간에 공을 빼앗아버립니다.

가령 상대 팀의 좌측 풀백이 공을 가졌다면 먼저 공을 빼앗긴 직후부터 우측 윙어, 이어서 센터포워드, 우측 사이드하프, 나아가 우측 풀백이 잇달아 압박을 가하며 둘러싸는 것입니

공을 잃는 즉시 압박하는 클롭 감독의 게겐프레싱
이 영상은 리버풀이 공을 잃은 직후, 순간적인 수적 우위를 형성해 강한 압박과 빠른 공 탈취를 실행하는 모습을 보여줍니다. 특히 공격수, 풀백, 미드필더가 2~3초 만에 협력해 상대 팀의 빌드업을 차단하는 클러스터 압박 구조를 생생하게 담아냅니다.

다. 당연히 한 명을 압박하기 위해 여러 명을 동원하므로 반드시 어딘가에 수적으로 열세에 놓이는 지역이 생겨나지만, '리스크를 각오하고 이 지역에서 공을 빼앗으려 하는' 것이 클롭의 게겐프레싱입니다.

'즉시 탈환 → 즉시 공격'을 철저히 추구합니다

그 압박의 강도가 최대에 도달하는 곳이 상대 진영의 높은 위치입니다. 앞에서 이야기했듯이 공을 빼앗으면 즉시 피니시로 연결하는 스타일이기 때문에, 센터서클 근처보다는 상대 진영의 페널티 에어리어 근처에서 공을 빼앗아야 골대와의 거리가 짧고 그만큼 더욱 단시간에 공격할 수 있기 때문입니다. 이 발상에 관해서 클롭은 "게겐프레싱은 상대의 골대와 가까운 곳에서 공을 빼앗을 수 있으며, 그러면 단 한 번의 패

현대 축구의 흐름을 바꾼 위대한 명장들

스로 좋은 기회를 만들어낼 수 있습니다. 세계의 그 어떤 플레이메이커도 좋은 게겐프레싱만큼 많은 기회를 만들어내지는 못합니다"라고 말했습니다.

실제로 게겐프레싱이 제대로 기능할 때의 리버풀은 정말로 강력했습니다. 특히 펩의 맨시티처럼 공의 소유를 중시하는 팀은 압박을 받는 상황에서도 정확성이 떨어지는 롱볼은 거의 차지 않고 확실하게 공을 연결하려 하기 때문에 리버풀의 게겐프레싱이 특히 효과적이었습니다. 독일 시절부터 클롭의 팀이 펩의 팀을 여러 차례 격파했던 이유가 바로 여기에 있습니다.

저는 펩과 클롭의 라이벌 관계를 굉장히 좋아합니다. 서로 스타일이 다름에도 상대를 존중하고 상대에게서 배우려 하기 때문입니다. 클롭이 "펩은 세계 최고의 감독입니다. 그가 이끄는 팀과 경기하는 것은 언제나 즐거운 일이며 흥미진진합니다. 저는 그가 이끄는 팀과 경기하는 것을 정말로 좋아합니다"라고 말하면, 펩도 "클롭의 팀은 나를 진보시켰습니다. 그가 저를 더 높은 단계로 끌어올려줬습니다. 클롭과의 절차탁마야말로 제가 아직 감독을 계속하는 이유입니다"라며 화답합니다. 이 두 감독은 경기가 끝나면 뜨거운 포옹을 나누므로, 중계를 볼 때 그 장면을 놓치지 않기 바랍니다.

클롭의 경기를 중계로 볼 때는 그의 언동도 관전 포인트입니다. 선수들이 좋은 플레이를 하면 온힘을 다해서 박수쳐주고, 서포터 앞으로 달려가서 온몸으로 호응을 유도하기도 하는 등 매우 열정적입니다. 2020~2022년에 리버풀에서 뛰었던 미나미노 다쿠미(현재 모나코)는 "클롭은 함께 싸워주는 감독입니다. 경기 전의 미팅에서는 우리에게 기운을 불어넣어주지요. 이상하게 들릴지도 모르겠지만, 모두를 뜨겁게 만들기 위해 연기를 합니다. 그만큼 열정적이고 주위 사람들까지 동화시킬 수 있는 감독은 아마 전 세계를 뒤져도 거의 없을 겁니다"라고 말했습니다.

운동량, 유연성, 하이 라인

다시 게겐프레싱의 이야기로 돌아가면, 게겐프레싱은 운동 강도가 크게 요구되며 체력 소모가 매우 큰 전술입니다. 리버풀이 2022-2023시즌을 '프리미어리그 5위, 챔피언스리그 16강'이라는 최악의 성적으로 마친 것은 공수 양면에서 공헌도가 높았던 마네의 이탈, 그리고 약화된 중원의 영향으로 팀 전체의 운동 강도가 저하되었기 때문이라고 생각합니다.

이에 따라 2023-2024시즌에는 중원에 도미니크 소보슬라이크, 알렉시스 맥 알리스터, 라이언 그라벤버흐, 엔도 와타루 등을 영입했습니다. 이 보강으로 팀의 운동 강도가 전성기 수준까지 회복될지 귀추가 주목됩니다. (2023-2024시즌, 소보슬라이크와 맥 알리스터는 주전 미드필더로 꾸준히 출전했고, 엔도는 시즌 중반 이후 수비형 미드필더로 안정적인 역할을 수행했습니다. 그라벤버흐는 로테이션 자원으로 제한적인 출전 기회를 얻었습니다. 이에 리버풀은 프리미어리그 3위를 기록하며 분위기 반등에 성공했습니다. - 옮긴이)

참고로, 클롭은 최근 2시즌 동안 빌드업을 할 때 트렌트 알렉산더 아놀드를 2볼란치의 한 축으로 투입하며 초기 배치 4-3-3에서 3-2-5로 이행하는 가변 포메이션도 채용하기 시작했습니다. 미드필더에게 요구되는 요소를 충분히 갖추고 있는 알렉산더 아놀드는 '가짜 풀백'의 적임자로, 특히 그의 패스는 정확도와 비거리 모두 세계 최고 수준입니다. 그 장점을 기존의 아웃사이드 레인이 아니라 중앙의 3레인에서 활용하자는 클롭의 아이디어는 매우 흥미롭습니다. 최근의 클롭은 경기에 맞춰서 이렇게 배치를 변화시키고, 세로 방향으로 빠르게 공격할 뿐만 아니라 공의 지배에도 도전중입니다. 전술적인 유연성이 점점 커지고 있다는 인상을 받습니다.

리버풀의 경기를 볼 때의 또 다른 관전 포인트는 '최종 라인의 높이'입니다. 최근 10년 사이 유럽의 정상급 리그에서는 하이 라인을 당연하게 여기게 되었지만, 클롭의 리버풀은 처음 보면 깜짝 놀랄 만큼 최종 라인이 높은 위치에 있습니다. 물론 수비수의 등 뒤에는 광대한 공간이 펼쳐져 있습니다.

 리버풀의 '극단적인 하이 라인'의 장점은 진형 전체가 콤팩트해짐으로써 특기인 게겐프레싱이 용이해진다는 것입니다. 반면에 단점은 공을 가진 상대 선수에게 압박을 가하지 않으면 수비의 뒤쪽 공간을 손쉽게 공략당한다는 것입니다.

 '어떤 상황에서든 최종 라인이 항상 높은 위치를 유지한다'는 클롭의 발상과 용기에는 찬사를 보내지만, 역시 게겐프레싱이 제대로 기능하지 않으면 상대가 뒤쪽 공간으로 계속 공을 보내기 때문에 오히려 힘든 경기를 치르게 됩니다. '클롭 리버풀은 게겐프레싱과 하이 라인이 성패의 열쇠다'라고 기억해두기 바랍니다. (클롭은 2023-2024시즌 종료와 함께 리버풀 감독직에서 물러났으며, 9년에 걸친 '클롭 리버풀' 시대는 공식적으로 막을 내렸습니다. 후임으로는 페예노르트를 이끈 아르네 슬롯 감독이 선임되었습니다.-옮긴이)

[미켈 아르테타]
'아스널 재건'의 중책을 수행중

© 아스널 FC

[출생] 1982년 3월 26일
[국적] 스페인
[감독 경력]
• 2019~아스널 FC

아르테타는 펩이 몸담고 있던 바르셀로나의 칸테라(하부 조직) 출신이며, 게다가 현역에서 은퇴한 직후인 2016년부터 맨체스터 시티에서 펩의 어시스턴트(수석코치)로서 지도자 생활을 시작했습니다. 요컨대 아르테타는 펩의 직속 제자인 것입니다. 그런 만큼 아르테타는 공격에서는 점유율을 통한 공의 지배와 윙어의 파괴력을 중시하고 수비에서는 하이 프레싱을 중시하는 등 '행동하는 축구'를 지향합니다.

  2019년 12월, 아르테타는 2011년부터 2016년까지 소속되어 있었고 마지막에는 주장도 맡았던 아스널에 감독으로서 화려하게 복귀했습니다. 그동안 언론에서 "언젠가 아스널의 지휘관이 될 것"이라고 이야기되기는 했지만, 당시의 지도자 경력은 2년 반 동안 맨시티의 코치로 활동한 것뿐이었습니다. 즉 감독 경험이 전혀 없었습니다. 그런 까닭에 감독 부임 초기에는 그의 실력에 의문을 제기하는 목소리도 들렸지만, 2018년에 명장 아르센 벵거가 용퇴한 뒤로 줄곧 팬들의 기대를 배신해온 아스널을 서서히 선수를 교체해가며 조금씩 부활로 이끌어갔습니다.

풀백의 움직임이 흥미로운 가변 포메이션

아르테타 아스널의 공격은 기본적으로 공의 지배를 통한 점유율 축구입니다. 그중에서도 빌드업은 철저히 조직화되어 있어서, 골키퍼와 센터백을 기점으로 꼼꼼하게 패스를 연결하며 상대 수비진의 빈틈을 파고듭니다. 또한 부카요 사카, 가브리에우 마르티넬리라는 쾌속 윙어를 보유하고 있기 때문에 빠르게 세로 방향을 찌르는 역습의 공격 패턴도 보유하고 있습니다.

게다가 최근 수 시즌 동안의 아르테타는 가짜 풀백을 활용한 가변 포메이션도 적극적으로 채용하고 있습니다. 즉 초기 배치로 4-3-3을 사용하다가 공격할 때는 3-2-5 등으로 변화하는 식입니다. 이때의 핵심 포지션은 '풀백'으로, 풀백인 올렉산드르 진첸코나 도미야스 다케히로를 볼란치*의 위치까지 올림으로써 포메이션의 변환을 가능하게 했습니다. 2023-2024시즌에 본래 볼란치인 토마스 파티를 수비할 때는 우측 풀백으로, 공격할 때는 앵커로 활동하게 하는 새로운 방식도 도입했습니다.

> **볼란치(Volante)**
> 브라질에서 유래한 용어로, 수비형 미드필더를 의미합니다. 직역하면 '운전대'라는 뜻으로, 경기의 중심에서 수비를 보호하고, 빌드업을 조율하며, 팀 전체의 균형을 잡는 역할을 합니다. 보통 투볼란치(더블 볼란치) 체제처럼 두 명의 수비형 미드필더를 병렬로 배치해 안정성을 높이는 전술도 자주 사용됩니다.

아르테타 아스널의 가변 포메이션은 풀백의 움직임에 따라서 공격 시의 메커니즘이 변화합니다. 가령 진첸코나 도미야스, 토마스를 중원으로 올리는 패턴도 있고, 벤 화이트나 도미야스가 3백의 한 축이 되는 패턴도 있습니다. 아스널의 경기를 볼 때는 부디 '풀백의 포지셔닝'에 주목하길 바랍니다. 아르테타가 그날 어떤 가변 포메이션을 채용했으며 그 노림수는 무엇인지 이해하는 데 도움이 될 것입니다.

수비 전술을 구축하는 능력도 뛰어납니다

아르테타의 포메이션이나 선수 기용법에 관해 알아보기 위해서는 2023년 여름 클럽 역사상 최고액인 1억 파운드(약 1,700억 원)에 영입한 데클란 라이스의 활용법에 주목할 필요가 있습니다. 아르테타 감독은 개막 초기에 그를 인사이드 하프와 앵커로 사용했지만, 중반기 이후에는 앵커로 거의 고정시켰습니다. 전술로 속박하기보다 어느 정도 자유를 부여할 때 더 빛을 발하는 유형인 라이스를 어떻게 팀에 녹아들게 하고 또 활용해나갈지 귀추가 주목됩니다. (아르테타는 2024-2025시즌에 라이스를 단일 앵커로 고정하지 않고 융통성 있게 배치하면서, 수비형 안정과 공격 기여 사이의 최적 안배를 찾는 데 성공했습니다. 라이스는 팀의 중심 기둥으로 자리 잡았으며, 세트피스와 공격 전환에서 눈에 띄는 활약을 펼쳤습니다. 공 터치의 62%가 상대 진영에서 이뤄졌고, 7골 14도움이라는 공격포인트를 기록했습니다. - 옮긴이)

현재의 아스널은 공격뿐만 아니라 수비도 잘 정비되어 있습니다. 특히 상대의 진영에서 공을 잃었을 때의 카운터 프레싱은 반드시 주목해야 할 관전 포인트입니다. 재빠른 트랜지션을 통해서 복수의 인원으로 압박을 가해 즉시 공을 되찾아옵니다. 또한 상대의 빌드업에 따라 압박의 방식에도 변화를 줍니다. 기본적으로는 4-3-3에서 4-4-2로 변환하며 하이 프레싱을 가하지만, 우측 윙어가 상대 센터백이 측면으로 패스하지 못하도록 압박하고 우측 풀백을 높은 위치까지 올려서 상대 팀의 좌측 풀백을 마크하는 좌우 비대칭의 4-3-3 포메이션으로 압박하는 경우도 있습니다. 아르테타는 수비 전술을 구축하는 능력도 매우 뛰어납니다.

2022-2023시즌의 아르테타 아스널은 종반부에 기세를 잃는 바람에 아쉽게도 프리미어리그 우승을 놓쳤습니다. 그런 아스널이 2023-2024시즌에는 오랜 숙원인 우승을 달성할 수 있을지 귀추가 주목됩니다. (2023-2024시즌, 아스널은 최종 라운드까지 우승 경쟁을 이어갔지만, 승점 89점으로 맨체스터 시티에 2점 뒤진 2위를 기록했습니다. - 옮긴이)

[로베르토 데 제르비]
팬을 매료시키는 초공격형 축구

ⓒ 올림피크 드 마르세유

[출생] 1979년 6월 6일
[국적] 이탈리아
[감독 경력]
- 2013~2014 다르포 보아리오
- 2014~2016 포자 칼초
- 2016 US 팔레르모
- 2017~2018 베네벤토 칼초
- 2018~2021 US 사수올로 칼초
- 2021~2022 FC 샤흐타르 도네츠크
- 2022~2024 브라이튼 앤 호브 알비온 FC
  (2024년 7월 올림피크 드 마르세유로 이적-옮긴이)

데 제르비는 현재 유럽축구계에서 크게 주목 받는 젊은 감독 중 한 명입니다. 명장인 펩이 "데 제르비는 과거 20년 사이에 가장 영향력 있는 감독 중 한 명일 것입니다. 그의 팀은 다른 팀이 보여주지 못하는 놀라운 플레이를 보여줍니다. 말 그대로 그는 유일무이한 존재입니다"라고 대찬사를 보낼 정도의 대단한 감독입니다.

34세에 현역에서 은퇴한 뒤 곧바로 지도자가 된 그는 아마추어 클럽, 세리에 C(이탈리아의 3부 리그)의 칼초 포자, 세리에 A의 팔레르모와 베네벤토를 지휘했습니다. 이른바 '포지션 플레이'를 주체로 삼는 그의 참신하고 공격적인 축구는 큰 화제를 불러모았고, 어느덧 '이탈리아의 펩'이라는 애칭이 생겼다고 합니다. 실제로 데 제르비 본인도 "저는 과르디올라가 있었기에 감독이 되었습니다. 그가 지휘하던 시절의 바르셀로나를 정말 좋아했고, 그 팀을 연구해서 감독이 되었습니다. 누군가를 흉내 내는 것은 좋아하지 않지만, 줄곧 그에게서 많은 것을 배워왔습니다"라며 펩에게서 큰 영향을 받았음을 인정했습니다.

저는 사수올로 시절(2018~2021년)의 축구를 보고 데 제르비에게 완전히 매료되었습니다. '골키퍼를 포함시킨 최종 라인에서의 빌드업'을 주체로 삼으면서 우측 윙어인 도메니코 베

라르디와 좌측 윙어인 제레미 보가(현재 니스)를 활용하는 그의 초공격적 스타일은 결과지상주의여서 수비 축구가 대세인 세리에 A의 팀이라고는 생각할 수 없을 만큼 매력적이었습니다. 4-2-3-1, 4-3-3, 3-4-2-1을 경기와 상황에 맞춰서 활용하는 전술적 유연성에서도 커다란 가능성을 느꼈던 기억이 지금도 생생합니다.

공의 점유를 통해서 만들어내는 '유사 역습'

그 후 샤흐타르 도네츠크를 거쳐 2022년 9월부터 지휘봉을 잡은 브라이튼에서도 그의 초공격적인 스타일은 여전했습니다. 특히 주목할 것은 펩이 "빌드업의 측면에서 브라이튼은 세계 최고의 팀입니다. 골키퍼를 기점으로 공을 연결해 파이널 서드로 운반하는 과정만을 놓고 봤을 때, 현재 시점에서 브라이튼보다 뛰어난 팀은 없습니다"라고 격찬한 빌드업입니다.

펩이 극찬한 데 제르비 감독의 강력한 빌드업 구조
이 영상은 데 제르비 감독이 브라이튼에서 사용한 짧은 빌드업, 압박 전개, 풀백의 위치 이동 등 전술적 원칙을 실제 경기 장면을 통해 분석하며, 왜 그가 펩에게 "지난 20년간 가장 영향력 있는 감독"이라 평가받았는지 해설합니다.

데 제르비의 브라이튼은 빌드업의 구조가 매우 명확하며, 선수들의 위치를 포함해 굉장히 특징적입니다. 그 흐름을 살펴보면, 먼저 골키퍼를 포함한 최종 라인에서 공의 점유를 확립해 두 센터백이 앞을 향하는 상황을 만듭니다. 이때 두 중앙 미드필더가 가까이 다가와서 상대의 압박을 유도함으로써 양쪽 하프 스페이스*로 내려오는 공격형 미드필더와 센터포워드에게 패스할 코스를 제공합니다. 공을 가진 센터백 혹은 중앙 미드필더는 공격형 미드필더와 센터포워드 중 누군가에게 세로 패스를 연결시키고, 여기에서 '아웃사이드 레인에 머물러 있는 양쪽 윙어' 및 '아웃사이드와 인사이드의 레인에서 유동적으로 움직이는 양쪽 풀백'과 연계하며 상대의 진영에서 단숨에 공격을 가속시킵니다.

요컨대 공을 점유하고 느리게 지공을 펼치면서 상대를 끌

> **하프 스페이스**
> 중앙과 측면 사이의 중간 지대를 가리킵니다. 이 공간은 상대 수비가 애매하게 마크하기 때문에 공격 측에서 활용하면 결정적인 찬스를 만들 수 있습니다. 특히 현대 축구 전술에서는 하프 스페이스를 공략하는 패턴 플레이가 다양하게 발전했습니다.

어들인 다음, 단번에 상대의 진영에서 공격을 가속하는 이른바 '유사 역습'의 상황을 의도적으로 만들어내는 것입니다. 이 패턴에 대한 데 제르비의 집착은 상당해서, 현재의 브라이튼은 조금이라도 움직임의 메커니즘이 어긋나거나 상대의 압박이 기능할 것 같으면 공을 최후방의 골키퍼에게 돌려보내 다시 처음부터 빌드업을 시작합니다. 브라이튼의 경기를 보다가 '왜 저렇게 공을 뒤로 돌리는 거야?'라고 의문을 느낀 사람도 있을 텐데, 바로 그것이 데 제르비의 축구 철학인 것입니다.

게다가 상대가 맨체스터 시티나 아스널, 리버풀 같은 메가 클럽이라 해도 데 제르비의 브라이튼은 절대 전술을 바꾸지 않습니다. 선수들 간 재능의 차이를 생각하면 어느 정도는 수비를 중시해도 이상하지 않은 경기에서조차 아무런 두려움 없이 '수비는 하이 프레싱&하이 라인을 통한 즉시 탈환, 공격은 공의 지배와 유사 역습'이라는 자신들의 스타일을 밀어붙입니다. "일단은 선수가 축구를 즐겼으면 합니다. 저도 축구를 즐기고 있으니까요"라는 말에 그의 생각이 그대로 담겨 있다고 생각하며, 그래서 브라이튼의 경기를 보는 우리도 굉장히 즐거운 것 같습니다.

노림수와 약속 사항을 철저하게 주입합니다

데 제르비가 이끄는 브라이튼의 특출하게 높은 '재현성'도 감탄스러운 부분입니다. 이 재현성은 연간 수십 경기를 하는 클럽 팀에게 특히 중요한 부분입니다. 노림수와 약속 사항이 명확하면 승패와 상관없이 팀의 긍정적인 요소는 물론 부정적인 요소도 분석하기가 용이하며, 그 분석 결과를 다음 경기의 밑거름으로 삼을 수 있기 때문입니다.

공격의 경우, 빌드업뿐만 아니라 공격 전개나 수비 무너뜨리기에 관해서도 재현성이 발군입니다. 가령 미토마가 좌측의 아웃사이드 레인에서 공을 갖고 앞으로 향하는 장면에서는 좌측 풀백인 페르비스 에스투피냔이 언더래핑*을 하고, 반대쪽 측면의 솔리 마치가 크로스에 반응하기 위해 안쪽으로

> **언더래핑(underlapping)**
> 풀백이나 윙백이 측면에서 중앙 쪽으로 내측 침투하는 움직임을 말합니다. 측면을 넓게 활용하는 '오버래핑'과 반대되는 개념으로, 상대 수비의 빈틈을 공략하고 패스 코스를 다양화하는 데 효과적입니다. 공격 전개 시 상대 수비진의 균형을 무너뜨리기 위한 전술적 움직임으로 자주 활용됩니다.

이동하며, 공격형 미드필더가 오프 더 볼의 움직임으로 공간을 열고, 중앙 미드필더가 패스를 뒤로 돌릴 수 있도록 대각선 후방에 위치하는 등의 움직임이 철저히 약속되어 있음을 알 수 있습니다. 그런 명확한 메커니즘, 주위의 다양한 움직임이 있기에 미토마의 드리블 돌파가 빛을 발하는 것입니다.

이런 용기 있는 혁명적인 축구를 구현해 취임한 지 불과 8개월 만에 브라이튼을 클럽 역사상 첫 유럽 컵 대회 출장(유로파리그)으로 이끄는 등의 결과를 남긴 데 제르비는 틀림없이 멀지 않은 미래에 메가 클럽의 러브콜을 받을 것입니다. 사수올로와 브라이튼은 기본적으로 젊고 성장 가능성이 큰 선수를 영입해 팀을 만드는 클럽이며, 그렇기에 그의 참신한 스타일을 선수들이 빠르게 흡수하고 소화해낸 측면도 있었다고 생각합니다. 지금까지와는 달리 슈퍼스타로 가득한 메가 클럽을 이끌었을 때 그가 어떤 축구를 보여줄지 벌써부터 기대됩니다. (데 제르비는 2023-2024시즌 종료 후 브라이튼 감독직에서 물러났으며, 2024년 7월 프랑스리그 1의 명문 구단 올림피크 드 마르세유의 새 감독으로 선임되었습니다. - 옮긴이)

[카를로 안첼로티]
'선수 우선'으로 전술을 수립

카를로 안첼로티는 궁극의 밸런스형 감독이라고 할 수 있습니다. "나의 플레이 모델은 이것입니다"라고 분명히 보여주는 강한 개성의 펩이나 클롭과 달리 그는 '선수를 최대한으로 활용하는 전술을 만든다'라는 사고방식을 지녔습니다.

그는 팀에 있는 선수, 맞붙는 상대, 그리고 그때의 상황에 맞춰서 포메이션이나 공수의 노림수 등 전술적인 부분을 유연하게 변화시킵니다. 요리사에 비유하면, 식재료에 맞춰서 이탈리아 요리, 중국 요리, 프랑스 요리, 일본 요리 등 어떤 나라의 요리든 맛있게 만들어낼 수 있는 유형인 것입니다.

© CBF

[출생] 1959년 6월 10일
[국적] 이탈리아
[감독 경력]
- 1995~1996 AC 레지아나
- 1996~1998 파르마 칼초
- 1999~2001 유벤투스 FC
- 2001~2009 AC 밀란
- 2009~2011 첼시 FC
- 2011~2013 파리 생제르맹 FC
- 2013~2015 파리 생제르맹 FC
- 2016~2017 FC 바이에른 뮌헨
- 2018~2019 SSC 나폴리
- 2019~2021 에버튼 FC
- 2021~2025 레알 마드리드 CF
(2025년 5월 브라질 대표팀 감독으로 취임 - 옮긴이)

    안첼로티는 본래 명장 아리고 사키의 직속 제자입니다. 사키는 1980년대 후반부터 1990년대 전반에 AC 밀란에서 4-4-2 포메이션 기반의 압박 축구로 축구계에 혁명을 일으킨 전설적인 감독입니다. 그래서 안첼로티도 감독 경력의 초기에는 4-4-2에 강하게 집착했다고 알려집니다. 그러나 유벤투스 감독 시절(1999~2001년)에 지네딘 지단이 자신의 4-4-2와 맞지 않다고 생각해 3-4-1-2를 사용하기 시작하면서 전술적 관점이 크게 변화했다고 합니다. 안첼로티 본인은 당시를 다음과 같이 회고했습니다.

"제가 감독을 시작했을 무렵에는 명확한 생각을 갖고 있었으며, 선수들에게 맞추려고 하지 않았습니다. 그래서 파르마 시절에는 (영입에 근접했던) 로베르토 바조가 플레이메이커의 역할을 원했지만 저는 제 포메이션을 바꾸지 않았고, 그 결과 그는 다른 팀으로 가버렸습니다. 제 잘못이었습니다. 그 후 유벤투스에서 지단과 함께 일하면서 선수에게 맞추는 편이 옳음을 이해하기 시작했습니다. 팀은 선수가 마음 편하게 플레이할 수 있는 곳이어야 합니다. 그때부터 선수에 맞춰 전술을 변화시키는 데 적응해왔으며, 지금도 계속 배우고 있습니다."

그 후 안첼로티는 AC 밀란(2001~2009년), 첼시(2009~2011년), 파리 생제르맹(2011~2013년), 레알 마드리드(2013~2015년), 바이에른 뮌헨(2016~2017년)이라는 메가 클럽에서 지휘봉을 잡았습니다. 하나같이 오너나 보드진(구단 경영진)의 힘이 강하고, 팀 편성에 관한 감독의 권한은 약한 클럽입니다.

안첼로티의 밀란, 전성기를 지배하다
카를로 안첼로티 감독 시절의 AC 밀란은 완벽한 밸런스와 전술적 유연성으로 유럽을 지배했습니다. 피를로, 카카, 셰브첸코 등이 만들어낸 AC 밀란의 예술적인 축구는 당시 모든 팀을 압도하며 전설로 남았습니다.

안첼로티는 자신이 선호하는 선수만을 영입해주는 클럽을 지휘한 적이 없었던 것입니다. 그럼에도 그는 상황에 맞춰서 전술을 짜내며 지속적으로 결과를 내왔습니다. 유럽 5대 리그(프리미어리그, 라리가, 세리에 A, 분데스리가, 리그 1)를 전부 제패한 역사상 유일한 감독이며, 챔피언스리그 4회 우승도 역사상 최다 기록입니다.

팀의 상황에 맞춰 전술을 짜는 걸출한 유연성

안첼로티는 2021년에 복귀한 레알 마드리드에서도 걸출한 유연성을 유감없이 발휘했습니다. 처음 두 시즌 동안은 4-3-3을 축으로 삼았는데, 2023년 여름에 센터포워드인 카림 벤제마가 팀을 떠나고 클럽이 그의 빈 자리를 채울 거물 스트라이커를 영입해주지 않자 그는 포메이션을 4-3-1-2로 변경하고 그때까지 인사이드 하프로 성장해온 주드 벨링엄을 공격형 미드필더로 기용했습니다. 공격형 미드필더로 기용된 벨링엄은 기대대로 개막전부터 골을 양산(2023년 12월 31일 기준 공식전 21경기 17골)했습니다. 벤제마가 빠져나가면서 생긴 큰 구멍을 포메이션 변경과 벨링엄의 포지션 변경을 통한 공격 전술의 변화로 메운 것입니다.

신생 레알 마드리드의 4-3-1-2는 중원과 전방이 상당히 유동적입니다. 중원은 다이아몬드형이 기본이지만, 토니 크로스가 좌측 인사이드 하프에 들어갈 때는 그가 볼란치 역할에 준하는 위치에 자리를 잡아 박스에 가까운 형태가 되며, 이에 따라 벨링엄이 좌측으로 이동하는 경우가 필연적으로 늘어납니다. 전방도 비니시우스 주니오르와 호드리구가 본래 윙어인 만큼 측면으로 이동하고, 그렇게 해서 빈 중앙 공간에 벨링엄이 뛰어드는 패턴이 확립되었습니다. 그 모습을 보면서 '안첼로티의 밸런스 조정 능력은 역시나 명불허전이구나' 하는 생각이 들었습니다.

벨링엄의 예만 봐도 알 수 있듯이, 안첼로티는 선수의 포지션을 적절하게 바꾸거나 다양한 포지션에서 활약할 수 있도록 조율하는 능력이 뛰어납니다. AC 밀란 시절에 공격형 미드필더였던 안드레아 피를로를 앵커로 발탁해 세계적인 사령탑으로 성장시킨 이야기는 너무나도 유명하며, 최근 수년 사이에도 레알 마드리드에서 페데리코 발베르데를 인사이드 하프와 우측 윙어로, 에두아르도 카마빈가를 인사이드 하프와 좌측 풀백으로 상황에 맞춰 기용하고 있습니다.

전술적 유연성이 뛰어난 안첼로티 같은 감독은 레알 마드리드처럼 회장의 주도로 세계 정상급의 재능을 긁어모으는 클럽에게 이상적인 존재입니다. 펩이나 클롭에 비해 화려함은 없지만, 세계에서 손꼽히는 명장 중 한 명임에는 틀림이 없다고 생각합니다. (안첼로티는 2023-2024시즌 도중 레알 마드리드와 재계약을 맺었으나, 이후 계약 종료 시점에 맞춰 2025년 5월 브라질 축구 국가대표팀의 감독으로 공식 부임했습니다. 2026년 월드컵을 지휘할 예정입니다. - 옮긴이)

[디에고 시메오네]
투쟁심과 강한 끈기를 중시

ⓒ 아틀레티코 마드리드

〔출생〕 1970년 4월 28일
〔국적〕 아르헨티나
〔감독 경력〕
- 2006 라싱 클루브
- 2006~2007 에스투디안테스 데 라플라타
- 2007~2008 CA 리버 플레이트
- 2009~2010 CA 산 로렌소
- 2011 카타니아 FC
- 2011 라싱 클루브
- 2011~ 아틀레티코 마드리드

시메오네는 무리뉴와 같은 계통의 감독으로, 현실 노선의 견수속공(수비를 단단히 하고 빠르게 공격을 전개) 스타일을 지향합니다. 2011년 12월에 감독으로 취임한 이후 지금까지 아틀레티코 마드리드의 지휘봉을 장기간 잡고 있는, 최근의 유럽 빅 클럽에서는 보기 힘든 장기 집권 체제를 구축한 감독이기도 합니다.

시메오네는 아틀레티코에서 정석적인 4-4-2를 오랫동안 사용했지만 최근 들어서는 3-1-4-2도 사용하기 시작했고, 2023-2024시즌에는 3-1-4-2 포메이션이 완전히 기본형이 되었습니다.

다만 어떤 포메이션을 채용하든 그가 선수에게 가장 요구하는 것은 하드워크(강한 투지와 끈기)와 투쟁심입니다. '팀을 위해서 피땀 흘려 싸운다'가 기본 콘셉트여서, 그는 공격수에게도 공수 양면에서 높은 운동 강도를 요구합니다.

'팀을 위해서 피땀 흘려 싸운다'가 기본 콘셉트

그래서 본래는 기술과 센스를 무기로 삼는 공격수인 앙투안 그리즈만도 시메오네의 밑에서는 압박에 적극적으로 참여하고 오프 더 볼 상황에서 열심히 움직이는 등 땀을 흘리며 팀에 공헌합니다. 시메오네 아틀레티코의 포워드는 열심히 달려야 하며, 그래서 역습도 매우 날카롭습니다.

한편 시메오네는 자신의 철학에 맞지 않는 선수는 인정사정없이 팀에서 배제합니다. 그 전형적인 예가 최근에 이적한 주앙 펠릭스입니다. 주앙 펠릭스는 유럽의 젊은 공격수 중에서도 손꼽히는 테크닉과 창의성을 갖췄다는 찬사를 받은 재능 있는 선수입니다. 하지만 시메오네가 있는 아틀레티코에서는 좀처럼 팀의 스타일에 적응하지 못했고, 결국 2023년 1월에 첼시, 그리고 같은 해 9월부터 바르셀로나에 임대 이적했습니다. 펠릭스는 2023-2024시즌 초반에 바르셀로나에서는 물 만난 물고기처럼 활약했습니다. 감독의 지향성과 선수의 유형이라는 상성이 얼마나 중요한지를 보여주는 대표적인 사례라고 할 수 있습니다.

시메오네 아틀레티코에서 주목해야 할 부분은 역시 수비입니다. 공을 가진 상대 선수에게 90분 내내 달려들며, 자신들

시메오네 감독이 구사하는 압도적 수비 조직력의 비밀
이 영상은 중원과 수비 라인을 유기적으로 압축해 상대 패스 경로를 사전에 차단하고, 실점 위험 자체를 원천 봉쇄하는 시메오네의 수비 전술을 분석합니다. 그는 고밀도 압박과 카운터 기반의 철학을 바탕으로, 선수들에게 '경기 내내 싸우는 축구'를 강하게 요구합니다.

의 진영으로 재빨리 복귀해서 구축하는 수비 블록도 유럽 굴지의 견고함을 자랑합니다. 시메오네가 경기중에 하는 지시의 대부분이 압박이나 커버링 등 수비와 관련된 것이라는 사실에서도 수비에 대한 강한 집착을 엿볼 수 있습니다. 경기중 험상궂은 얼굴로 무섭게 고함을 치는 모습을 꼭 눈으로 확인하길 바랍니다.

'프로 감독'으로서의 긍지와 철학

시메오네는 승리에 대한 집착이 굉장히 강해서, 무리뉴와 마찬가지로 '이기기 위해서는 수단을 가리지 않는' 유형입니다. 2022년 4월의 맨체스터 시티전(챔피언스리그 8강 제1차전)에서는 수비를 할 때 극단적인 수비 전술인 5-5-0 포메이션을 채용하기도 했습니다. '최종 라인 5명+중원 5명'의 두 라인으로 공간을 완전히 봉쇄함으로써 맨시티의 공격진에 대응한 것입니다.

 이 전술에 관해서는 당시 언론과 팬들 사이에서 "구시대적인 안티 풋볼"이라는 목소리가 분출했습니다. 분명히 경기 내용을 도외시한 극단적인 수비 전술이기는 했습니다. 그러나 시메오네는 '승리'를 무엇보다 중요한 최상위의 목표로 삼는 유형이며, 그 목표를 기준으로 역산했을 때 최선이라고 생각한 전술을 선택했을 뿐이라는 것이 제 생각입니다. 실제로 그 경기가 끝난 후 시메오네는 "저는 외부의 평가에 관해서 할 말이 없습니다. 사람마다 다양한 생각이 있으며, 그 생각은 모두 존중받아야 합니다. 저는 겸허한 마음으로 저의 일에 임할 뿐입니다. 아틀레티코 마드리드를 위해서 일할 뿐입니다"라며 자신에 대한 평가에 전혀 마음에 두지 않았습니다.

냉정한 눈으로 바라보면 아틀레티코의 종합적인 전력은 맨시티에 미치지 못하며, 이것은 라리가에서 우승을 다투는 바르셀로나나 레알 마드리드와 비교했을 때도 마찬가지입니다. 그런 상황 속에서 시메오네는 자신의 철학을 충실히 따르는 강력한 팀을 만들어왔습니다. 그리고 라리가에서 두 차례의 우승을 이루어냈으며, 2012-2013시즌부터 11년 연속으로 3위 이내에 드는 실적을 냈습니다.

또한 챔피언스리그에서도 오랫동안 경쟁력을 유지하고 있습니다. 펩이나 아르테타와는 전혀 다른 유형이지만, 저는 시메오네가 프로 감독이라는 직업의 또 다른 모습을 몸소 보여주는 인물이라고 생각합니다.

[주제 무리뉴]
현대 축구의 대표적 현실주의자

무리뉴는 이제 60대입니다. 40대인 아르테타나 데 제르비, 아직 50대 전반인 펩 등 공격적 성향이 강한 신세대 감독들과는 팀 빌딩(선수단을 구성하고 조직력을 높이는 모든 과정)부터 경기에 대한 접근법까지 사고방식이 근본적으로 다릅니다. 한마디로 말하면 무리뉴는 감독으로써 '현실주의'를 지향하며 이상보다 결과를 중시합니다.

기적의 챔피언스리그 우승을 이루었던 포르투 시절(2002~2004년), 그리고 첼시 감독 제1기(2004~2007년)까지는 공격적인 사상도 지닌 것으로 보였습니다. 다만 인테르 시절

ⓒ 페네르바흐체 SK

〔출생〕 1963년 1월 26일
〔국적〕 포르투갈
〔감독 경력〕
- 2000 SL 벤피카
- 2001~2002 UD 레이리아
- 2002~2004 FC 포르투
- 2004~2007 첼시 FC
- 2008~2010 인테르나치오날레
- 2010~2013 레알 마드리드 CF
- 2013~2015 첼시 FC
- 2016~2018 맨체스터 유나이티드 FC
- 2019~2021 토트넘 홋스퍼 FC
- 2021~2024 AS 로마
  (2024년 6월 페네르바흐체 SK로 이적
  —옮긴이)

(2008~2010년) 또는 레알 마드리드 시절(2010~2013년)에 좀더 현실적인 노선으로 전환한 느낌입니다. 자신들의 전력을 현실적으로 생각하며 전술을 구축하고, 그런 다음 상대에 맞춰서 배치와 스타일을 바꿔나가는 전략으로 말입니다.

그런 사상이 보인 것은 2021년 여름부터 지휘봉을 잡은 AS 로마에서도 마찬가지였습니다. 처음에는 당시 유럽축구에서 널리 쓰이던 4-2-3-1 포메이션으로 시작했지만 1년차 도중에 3-4-2-1로 전환했고, 2023-2024시즌에는 3-4-2-1과 3-1-4-2를 병용했습니다. 파울로 디발라와 로멜루 루카쿠라는 팀 최고의 재능을 활용하기 위해 배치와 역할을 궁리하고, 상대의 스타일에 맞춰서 상황에 맞게 포메이션을 변형시켰습니다.

국면상의 우위를 활용해 이기는 것이 목표

AS 로마에서도 기본적으로는 수비를 끌어낸 뒤 빠르게 공격하는 '견수속공'을 지향했습니다. 상대의 강점을 지우고, 약점을 철저히 파고듭니다.

가령 상대의 좌측 풀백이 볼 컨트롤 기술에 약점을 안고 있다면 그 지역만 압박 강도를 강화하고, 상대의 센터백이 몸집이 작다면 체구가 큰 루카쿠에게 적극적으로 롱볼을 보내는 등 국면상의 우위를 최대한으로 활용하는 것입니다. 또한 선제 득점을 올리면 진형 전체를 내려서 더욱 수비적으로 행동하기 때문에 무리뉴의 축구를 지루하다고 느끼는 팬도 있을 것입니다.

그러나 '최우선 목표는 승리'라는 무리뉴의 발상은 프로 스포츠의 진리를 꿰뚫은 것이기도 합니다. 감독이라면 누구나 '매력적인 스타일로 승리하고 싶다'고 생각하지만, 모든 팀이 최고급의 선수를 보유할 수는 없습니다. 그러므로 무리뉴처

상대 전술의 틈을 파고든 축구 혁명가, 무리뉴
이 영상은 무리뉴 감독이 어떻게 규칙과 관행을 교묘히 활용해 승리를 위한 실용주의 전술을 정교하게 구축했는지를 시각적으로 분석합니다. 그는 상대 전술의 빈틈을 찌르는 7가지 비밀 병기로 축구의 흐름을 반복해서 전복시켰습니다.

럼 현실에 맞는 전술이나 스타일을 선택하는 것은 결코 '악'이 아니라고 생각합니다. 저 또한 '팀을 승리하게 만드는 감독'이 목표이기에 무리뉴에게 많은 것을 배웠으며, 그를 굉장히 존경합니다.

실제로 무리뉴는 '결과를 낼 줄 아는 감독'입니다. 지도자 커리어를 통해서 획득한 타이틀의 수가 26개나 되며, '챔피언스리그, 유로파리그, UEFA 컨퍼런스리그'라는 UEFA의 3대 대회를 모두 제패한 역사상 유일한 지휘관이기도 합니다(2023년 기준). 이것은 엄청난 기록이며, 무리뉴의 우수성을 잘 말해줍니다. 안타깝게도 2024년 1월에 AS 로마에서 해임되었지만, 개인적으로는 향후의 동향을 관심 있게 지켜보고 있습니다. (무리뉴는 2024년 6월 터키의 명문 구단인 페네르바체의 신임 감독으로 공식 선임되었으며, 2024-2025시즌부터 팀을 지휘할 예정입니다. - 옮긴이)

쿨한 외모와는 달리 정이 많은 사람

무리뉴는 무섭고 가까이 하기 어려운 사람이라는 이미지도 있지만, 사실은 매우 상냥하고 인간미 있는 사람이기도 합니다. 인테르를 떠날 때 마르코 마테라치(전 이탈리아 국가대표 수비수)와 눈물을 흘리며 포옹한 장면은 유명하며, 로마에서는 젊은 포워드인 펠릭스 아페나-잔(현재 크레모네세)에게 "골을 넣으면 선물을 하지"라고 약속한 뒤 정말로 고급 운동화를 사주기도 했습니다. 이처럼 사람의 마음을 사로잡는 그의 뛰어난 리더십은 경기중에도 엿볼 수 있습니다. 선수의 어깨를 감싸며 말을 거는 모습을 볼 때면 저도 큰 감동을 느낍니다.

마지막으로, 이미 눈치 챈 사람도 많겠지만 저는 예전부터 무리뉴 감독의 열성적인 팬입니다. 이메일 주소에도 그의 이름이 포함되어 있을 정도입니다. 그래서 AS 로마가 일본을 방문한 2022년 11월, 무리뉴 감독을 처음 만났을 때는 정말

동경하는 무리뉴 감독을 만나 찍은 사진입니다. 2022년 11월 28일 촬영.

로 크게 감동했고 그때 함께 찍은 사진은 평생의 보물로 간직할 생각입니다. 무리뉴는 제가 상상했던 것 이상으로 강렬한 아우라를 지닌 멋진 사람이었으며, 왜 선수들이 그에게 심취하는지 금방 이해가 되었습니다.

CHAPTER 6

개인적으로 주목하는 선수와 감독

"
한 명의 선수가 팀을 바꾸고,
한 명의 감독이 축구를 바꾼다.
"

티에리 앙리
(아스널의 전성기를 이끈 전설적인 공격수)

한 달에 수십, 수백 경기를 보다 보면 눈에 들어오는 선수들이 생기기 마련입니다. 화려한 슈퍼스타도 좋지만, 무명의 선수나 감독이 놀라운 활약을 보여줄 때의 감동은 매우 특별합니다. 그런 이들을 먼저 발견하고 응원할 수 있다는 건 축구 팬만이 누릴 수 있는 즐거움입니다.

이 장에서는 2023-2024시즌 전반기를 지켜보며 개인적으로 깊은 인상을 받았던 선수들과 감독들을 소개합니다. 그들 중에는 앞으로 세계 무대의 중심이 될 인물이 있을지도 모릅니다. 관전의 재미를 더하는 하나의 기준이 되기를 바랍니다.

[페드로 네투]
날카로운 드리블 돌파가 압권

ⓒ 첼시 FC

[출생] 2000년 3월 9일
[국적] 포르투갈
[경력]
- 2017~2019 SC 브라가
- 2019 SS 라치오
- 2019~2024 울버햄튼 원더러스 FC
  (2024년 8월 첼시 FC로 이적-옮긴이)

    네투는 울버햄튼에 입단한 2019-2020시즌부터 제가 관심 있게 지켜본 왼발잡이 윙어입니다. 2021년 4월에 무릎을 크

공간을 창출하는 드리블 플레이어, 페드로 네투
이 영상은 네투의 폭발적인 스피드와 탁월한 발재간을 장면별로 분석하며, 상대 수비를 단숨에 무너뜨리는 드리블 스킬의 정수를 조명합니다. 그는 단순한 크로서가 아니라, 측면에서 안쪽으로 파고드는 중거리 침투와 창의적인 패스로 상대의 수비 구조 자체를 흔드는 '공간 창출자'입니다.

게 다치는 바람에 약 1년을 쉬어야 했습니다. 그러나 2023-2024시즌에는 뛰어난 경기력을 보여주며 완전 부활을 알렸습니다.

네투의 가장 큰 무기는 '드리블 돌파'입니다. 특히 스텝오버 후 좌우 어느 쪽으로든 돌파할 수 있다는 것이 가장 큰 강점으로, 상대 수비수의 자세를 무너뜨리고 단번에 세로로 돌파하거나 날카로운 컷인(공을 가지고 사이드에서 안쪽으로 파고드는 드리블 또는 움직임 패턴)도 보여줍니다.

최고 속도까지 가속하는 시간도 매우 빨라서, 혼자의 힘으로 역습에서 피니시까지 연결할 수 있습니다. 신체 능력과 테크닉이 이렇게까지 높은 수준으로 융합된 윙어는 현대 축구에서 상당히 귀중한 존재라고 생각합니다.

2023-2024시즌에는 한국 국가대표인 황희찬과 멋진 연계 플레이를 보여줘서, 10라운드까지 1골 9어시스트를 기록하

는 대활약을 했습니다. (2024년 8월 첼시로 이적해 2024-2025시즌 UEFA 컨퍼런스리그와 클럽월드컵 우승을 함께했고, 프리미어리그 35경기 4골 등 공식전 9골을 기록했습니다. 종종 부상이 있지만, 건강할 때는 확실한 주전 자원으로 활약하고 있습니다. - 옮긴이)

[모건 깁스-화이트]
현대적인 판타지스타의 등장

© 노팅엄 포레스트 FC

[출생] 2000년 1월 27일
[국적] 잉글랜드
[경력]
- 2017~2022 울버햄튼 원더러스 FC
- 2022~ 노팅엄 포레스트 FC

    저는 프리미어리그의 젊은 선수 중에서도 깁스-화이트를 상당히 주목하고 있습니다. 월드 클래스로 성장할 수 있는 잠재력의 소유자라고 생각하니, 여러분도 이 선수를 반드시 기

다재다능한 '모던 판타지스타', 모건 깁스-화이트
이 영상은 깁스-화이트가 속도, 균형감각, 발놀림을 조합해 상대 수비를 단숨에 무너뜨리는 장면을 집중 분석합니다. 그는 날카로운 침투와 유연한 공간 창출, 정교한 플레이메이킹 능력까지 겸비한 '모던 판타지스타'로 떠오르고 있습니다.

억해뒀으면 합니다.

그의 가장 큰 매력은 기술과 창조성입니다. 현대 축구에서는 상당히 희소해진 정통파 판타지스타(경기장을 예술 무대로 바꾸는 창조자를 일컫는 표현)로, 발바닥을 사용한 드리블이나 턴, 아웃사이드의 스루패스, 그리고 넛맥(알까기) 등을 적절히 구사해 상대의 수비를 무너뜨리고 돌파합니다. 압박이 강한 국면에서도 자신에게 공을 줄 것을 요구하고 스스로 국면을 타개하는 멘탈 또한 10번으로서 적합한 선수입니다.

천재형은 자칫 공격에만 특화한 선수가 되기 쉬운데, 깁스-화이트는 수비 국면에서도 헌신적입니다. 아낌없이 몸을 던지며, 압박의 강도도 높습니다. 그런 의미에서는 '현대적인 판타지스타'라고 말할 수 있을 것입니다.

주된 포지션은 공격형 미드필더이지만 양 측면에서도 활약할 수 있는 다재다능한 선수입니다. 머지않아 빅 클럽으로의 이적도 기대해봅니다.

[알렉스 스콧]
적장인 펩이 극찬한 재능

ⓒ AFC 본머스

[출생] 2003년 8월 21일
[국적] 잉글랜드
[경력]
- 2019~2023 브리스톨 시티 FC
- 2023~ AFC 본머스

스콧은 브리스톨 시티(잉글랜드 2부리그)에 소속되어 있었던 2022-2023시즌의 FA컵에서 맨체스터 시티와 맞붙었을 때 적장인 펩 과르디올라에게 "믿을 수 없는 선수다. 그날 밤 최

공격과 수비를 연결하는 만능 미드필더, 알렉스 스콧
이 영상에는 브리스톨 시티에서 AFC 본머스까지 스콧의 눈부신 드리블, 창조적인 패스, 결정적인 공격 장면을 모아 담았습니다. 침투와 어시스트로 공격 흐름을 주도하고, 공간 창출까지 겸비한 그의 완성도 높은 플레이는 현대 축구가 요구하는 미드필더의 이상형을 보여줍니다.

고의 선수였다고 생각한다"라는 찬사를 받아 화제가 되었습니다. 그 후 2023년 여름에 본머스로 이적해 프리미어리그에 데뷔했습니다.

개인적으로 스콧에게서 굉장히 마음에 드는 점은 빌드업 국면에서 공을 능숙하게 움직여 상대를 제치고 세로 방향으로 드리블해 공을 운반할 수 있다는 것입니다. 드리블로 전진하며 공격 전개를 빠르게 이끄는 앵커는 현대 축구에서 희소 가치가 높습니다. 게다가 플레이스킥(프리킥, 코너킥 등 멈춰 있는 상태의 공을 차는 것)을 맡을 만큼 킥도 정확하며, 수비 국면의 운동 강도도 높습니다. 20세라고는 생각하기 어려울 만큼 완성도를 갖춘 선수입니다. 거물이 될 분위기가 벌써부터 느껴집니다.

이와 같은 장점들에 앵커와 인사이드 하프, 공격형 미드필더 등 중원의 온갖 포지션에서 뛸 수 있는 다재다능함까지,

스콧은 리버풀의 알렉시스 맥 알리스터와 비슷한 측면이 있습니다. 6번(수미), 8번(중미), 10번(공미) 모두 소화 가능해 전술적 유연성이 매우 큰 이 아르헨티나 국가대표 미드필더처럼 단번에 세계적인 명성을 손에 넣더라도 전혀 이상하지 않은, 주목해야 할 재능을 가진 선수입니다.

[브리안 사라고사]
경이적인 드리블 능력이 압권

ⓒ FC 바이에른 뮌헨

[출생] 2001년 9월 9일
[국적] 스페인
[경력]
• 2021~2024 그라나다 CF
• 2024~ FC 바이에른 뮌헨
(2024년 8월 오사수나로 임대-옮긴이)

　브리안 사라고사는 순간을 파고드는 폭발력과 창의성을 겸비한, 작지만 날카로운 '결정적 윙어'입니다. 2022-2023시즌에는 라리가 2부에서 뛰었고, 2023-2024시즌에는 라리가

공격의 판도를 바꾸는 탁월한 드리블러, 브리안 사라고사
이 영상은 사라고사가 폭발적인 스피드와 날카로운 발놀림을 사용해 상대 수비를 순식간에 무너뜨리는 장면들을 실제 경기 장면을 바탕으로 분석합니다. 침투와 창의적인 움직임으로 패스 루트를 열어가며 공격의 판도를 바꾸는 그의 플레이메이킹 스킬 역시 압권입니다.

1부에 데뷔했는데 그라나다의 에이스로서 팬들에게 매우 강렬한 인상을 남겼습니다.

특히 제가 해설을 담당했던 바르셀로나전(2023년 10월 8일)에서는 놀라운 활약을 보여줬습니다. 경기 시작 18초 만에 수비진의 뒤쪽으로 파고들어 오른발로 전광석화 같은 선제골을 넣었고, 전반 29분에는 더욱 강렬한 두 번째 골을 넣었습니다. 세로 패스를 받자 자신을 마크하는 쥘 쿤데를 날카롭게 제치고, 커버하러 온 안드레아스 크리스텐센을 킥 페인트로 농락한 뒤, 마지막에는 아웃사이드킥으로 아름다운 골을 만들어낸 것입니다. 그로부터 4일 후에는 스페인 국가대표로도 데뷔했습니다.

오늘날에는 상당히 드물어진 작은 체구(164센티미터)의 드리블러로, 스피드와 순발력을 활용한 투지 넘치는 돌파가 매우 훌륭하며 아이디어가 굉장히 풍부합니다. 경기를 보는 사람들을 흥분하게 만드는 윙어입니다.

 2023년 12월에는 2024-2025시즌부터 바이에른으로 이적할 것이 정식 결정되었습니다. 1부리그에서 반년밖에 뛰지 않은 선수가 메가 클럽에 영입되는 것은 굉장히 이례적인 일이며, 그만큼 잠재력이 높다는 증거입니다. 향후의 성장이 기대됩니다. (바이에른 뮌헨에서는 리그 7경기 출전에 득점은 없어 적응에 실패한 것으로 평가되었지만, 라리가의 오사수나로 임대를 떠난 2024-2025시즌에는 27경기 출전에 1골 6도움을 기록해 자신감을 회복했습니다. - 옮긴이)

[기오르기 마마르다슈빌리]
독보적인 세이빙 능력

ⓒ 리버풀 FC

[출생] 2000년 9월 29일
[국적] 조지아
[경력]
- 2018~2022 FC 디나모 트빌리시
- 2022~2024 발렌시아 CF
(2024년 8월 리버풀 FC로 이적-옮긴이)

 마마르다슈빌리는 조지아라는 작은 나라 출신이지만, 저는 그가 커다란 잠재력을 지닌 훌륭한 수호신이라고 생각합니다. 슛 스토핑 능력이 굉장히 뛰어난, '미라클 세이브로 차이

경이로운 세이빙 클래스, 기오르기 마마르다슈빌리
이 영상은 마마르다슈빌리의 인상적인 선방 장면을 모아, 순발력과 반응 속도로 결정적인 순간을 압도하는 능력을 분석합니다. 강력한 유효 슈팅을 침착하게 막아내는 그의 수비는 경기의 흐름을 바꾸는 결정적 장면으로 이어집니다.

를 만들어내 팀에 승점을 안겨주는 골키퍼'입니다.

그는 2미터에 가까운 장신(199센티미터)이면서도 굉장히 민첩해, 최고 수준의 반응 속도를 자랑합니다. 게다가 손발이 길어서 구석으로 날아오는 슛도 확실히 쳐냅니다. 캐칭, 펀칭, 하이볼 대응 등의 기초 기술도 전체적으로 높은 수준이어서, 그가 골대를 지키고 있으면 안정감이 느껴집니다.

현대의 골키퍼에게 요구되는 빌드업에 대한 공헌도 충실히 수행합니다. 에데르손이나 마르크안드레 테어 슈테겐처럼 사령탑의 기능을 담당할 정도는 아니지만 패스 실수가 적으며, 왼발잡이라는 것도 장점입니다.

2023년 여름에는 첼시와 인테르, 바이에른 뮌헨의 영입 후보로 거론되기도 했습니다. 곧 빅 클럽에 영입될 것이 분명합니다. (마마르다슈빌리는 2025년 8월 리버풀로 이적하며 빅 클럽 무대에 입성했습니다. 발렌시아와 리버풀은 2024년 8월 27일 이적 합의를 발표했고, 본격적인 리버풀 합류는 2025-2026시즌부터입니다. - 옮긴이)

[미카 마르몰]
센터백 빌드업의 교과서

© UD 라스팔마스

[출생] 2001년 7월 1일
[국적] 스페인
[경력]
- 2021~2022 FC 바르셀로나
- 2022~2023 FC 안도라
- 2023~ UD 라스팔마스

    마르몰은 2022-2023시즌에 스페인의 2부리그인 안도라에서 두각을 나타냈고, 2023년 여름에 라스팔마스에 영입되면서 라리가에 데뷔한 왼발잡이 센터백입니다.

빌드업을 설계하는 현대 센터백의 정수, 미카 마르몰
이 영상은 마르몰이 수비 진영에서 정밀한 패싱과 탁월한 시야로 상대 압박 라인을 무너뜨리는 과정을 분석합니다. 단순한 롱패스가 아니라, 타이밍을 조율해 전진 패스를 연결하는 그의 빌드업 감각은 현대 센터백의 정수를 보여줍니다.

181센티미터로 현대의 센터백치고는 상당히 작은 체격이지만, 바르셀로나의 칸테라 출신답게 공격 센스가 발군입니다. 왼발의 볼 테크닉과 넓은 시야를 겸비해, 길고 짧은 패스로 게임을 조립할 뿐만 아니라 타이밍을 봐서 직접 드리블을 하며 상대 진영까지 올라가 동료에게 공간과 시간을 만들어줍니다. '최종 라인에서부터의 꼼꼼한 빌드업'을 신조로 삼는 라스팔마스에 없어서는 안 될 존재이며, 센터백의 빌드업을 배우고 싶은 사람에게는 최고의 교재라고 생각합니다.

키는 작지만 1 대 1의 대인 수비는 강력하기에 점유율 축구를 지향하는 감독이 있는 곳이라면 빅 클럽에서도 충분히 통할 것입니다. 그런 의미에서는 칸테라의 대선배인 사비 감독이 이끄는 바르셀로나에 딱 어울린다고 생각합니다. 향후의 거취가 주목되는 선수입니다.

[티자니 레인더르스]
중앙 미드필더의 이상형

ⓒ 맨체스터 시티 FC

[출생] 1998년 7월 29일
[국적] 네덜란드
[경력]
- 2017 PEC 즈볼러
- 2017~2023 AZ 알크마르
- 2023~2025 AC 밀란
 (2025년 6월 맨체스터 시티 FC로 이적 – 옮긴이)

    티자니 레인더르스는 네덜란드의 AZ 알크마르에서 두각을 나타낸 선수입니다. 2023년 여름에 이적한 AC 밀란에서 순

입단 즉시 AC 밀란의 핵심이 된 티자니 레인더르스
골 장면부터 정교한 패스, 드리블, 압박, 수비 장면까지 밀란에서 핵심으로 떠오른 레인더르스의 활약을 종합적으로 보여줍니다. 그의 넓은 활동 반경과 공수 양면에서의 기여 능력은 현대적인 중앙 미드필더의 이상형을 보여줍니다.

식간에 주력 선수로 정착한 인사이드 하프 혹은 앵커입니다. 그는 빅 클럽 데뷔라는 중압감을 전혀 느끼지 않는 듯한 선수라고 할 수 있습니다.

　전형적인 박스 투 박스형(자신들의 페널티 에어리어에서 상대의 페널티 에어리어까지 커버하는 유형)인 만능 미드필더입니다. 트래핑과 패스 등 기초 기술이 안정적이고, '축구 IQ'가 매우 높습니다. 패스, 드리블을 통한 전진, 동료 지원, 공간의 커버 등 각각의 상황 판단과 타이밍이 최고 수준입니다. AC 밀란에서는 4-3-3의 인사이드 하프나 앵커로 플레이하는데, 어떤 포지션을 맡든 제몫을 해내 뛰어난 전술적 유연성을 증명하고 있습니다.

　초반에는 골 결정력이 조금 부족하다는 평가도 있었지만, 레체전(2023년 11월 11일)에서는 돌파 후 슛으로 AC 밀란 이적 후 첫 골을 기록했습니다. 이런 플레이가 앞으로 계속 늘어난다면 더 큰 명성을 손에 넣을 수 있을 것입니다. (2024-2025시즌 세리에 A '최우수 미드필더'로 선정된 레인더르스는 2025년 6월 맨체스터 시티로 이적했습니다. 당시 맨시티는 2025 클럽월드컵 참가를 앞두고 이적을 확정지으며 그를 스쿼드에 즉시 등록했습니다. - 옮긴이)

[조슈아 지르크제이]
즐라탄을 떠올리게 하는 선수

© 맨체스터 유나이티드 FC

〔출생〕 2001년 5월 22일
〔국적〕 네덜란드
〔경력〕
• 2019~2022 FC 바이에른 뮌헨
• 2022~2024 볼로냐 FC 1909
 (2024년 7월 맨체스터 유나이티드 FC로 이적 – 옮긴이)

16세에 페예노르트에서 바이에른 뮌헨에 영입되었고, 18세에 챔피언스리그 데뷔전을 치른 지르크제이는 이전부터 뛰

라인 파괴형 스트라이커의 등장, 조슈아 지르크제이
이 영상은 지르크제이가 타고난 공간 지각력과 기술적 완성도를 바탕으로 상대 중원과 수비 라인을 효과적으로 무너뜨리는 움직임을 분석합니다. 드리블과 전진 패스까지 겸비한 그는 '가짜 9번'처럼 빌드업 과정에 깊숙이 관여하며 팀 공격의 연결고리를 형성합니다.

어난 재능을 지닌 스트라이커로, 제가 관심 있게 지켜봤던 선수입니다. 팀내 라이벌이 많은 바이에른 뮌헨에서는 좀처럼 출장 기회를 잡지 못했지만, 2022년에 입단한 볼로냐에서 재능을 꽃피웠습니다.

그는 센터포워드로서 무한한 잠재력을 지니고 있습니다. 193센티미터의 장신이면서도 발재간이 좋고, 움직임도 민첩합니다. 공간과 시간을 능숙하게 만들어내는 포스트 플레이, 교묘한 페인트에 이은 피니시 등 매우 역동적인 플레이를 보여줍니다. 체격이나 플레이 스타일이 제가 좋아하는 즐라탄 이브라히모비치(전 스웨덴 국가대표)를 떠올리게 하기 때문에 개인적으로는 향후의 성장이 매우 기대됩니다.

그는 팀내 라이벌인 마르코 아우나우토비치가 인테르로 이적한 2023-2024시즌에는 완전히 볼로냐의 에이스로 정착했습니다. AC 밀란의 영입 후보로 이름이 오르는 등 평가가 급

상승하는 중이니, 세리에 A를 본 적이 없었던 축구 팬도 한 번쯤은 그의 경기를 보길 바랍니다. 언젠가 축구계의 거물이 될지도 모릅니다. (지르크제이는 2024년 7월 맨체스터 유나이티드로 이적한 뒤, 2024-2025시즌 프리미어리그 개막전에서 교체 출전해 데뷔 골을 기록했지만, 이후에는 기대에 미치지 못하는 경기력을 보였습니다. 2025년 여름 이적 시장에서는 보다 안정적인 출전 기회를 위해 이적 가능성이 거론되고 있습니다. - 옮긴이)

[벤자민 세스코]
'제2의 홀란드'로 불리는 골잡이

[출생] 2003년 5월 31일
[국적] 슬로베니아
[경력]
• 2019~2023 FC 레드불 잘츠부르크
• 2023~ RB 라이프치히

© RB 라이프치히

    벤자민 세스코는 높이, 힘, 스피드의 삼박자를 모두 갖추고 있는 매우 뛰어난 재능의 센터포워드입니다. 여기에 레드불 그룹에서 성장한 경력까지 가지고 있어서 '제2의 홀란드'로

라인을 찢는 강력한 피지컬과 기술, 벤자민 세스코
이 영상은 세스코가 강력한 피지컬과 기술적인 마무리를 통해 상대 수비 라인을 순식간에 허무는 실제 경기의 결정적 순간들을 하이라이트로 보여줍니다. 헤더, 스피드, 롱샷까지 모두 소화해내는 그는 현대 축구에서 요구되는 다재다능한 스트라이커의 이상형을 보여줍니다.

뜨거운 기대를 받고 있습니다.

194센티미터의 장신치고는 움직임이 부드럽습니다. 포스트 플레이가 유연하고, 페널티 에어리어 안에서는 골 냄새도 잘 맡습니다.

2023년 여름에 입단한 RB 라이프치히에서도 센터포워드로서 자신의 장점을 아낌없이 발휘하고 있습니다. 특히 우니온 베를린전(2023년 9월 3일)에서는 교묘하게 원터치로 공을 패스한 뒤 그대로 수비수의 배후로 달려 나가서는 다시 되돌아온 루프 패스(공을 상대 머리 위로 부드럽게 넘기는 패스)를 헤딩해 멋진 골로 연결했습니다. 그의 커다란 잠재력을 느끼게 해주는 인상적인 골이었습니다.

아직 20세인 만큼 덜 다듬어진 부분도 있어 RB 라이프치히에서도 준 주전에 머물러 있지만, 경험을 쌓는다면 분데스리가에서 연간 20골을 넣을 수 있는 소질을 지닌 선수입니다.

그 정도로 성장한다면 프리미어리그로 이적할 가능성도 있을 것입니다. (세스코는 2025년 여름 이적 시장에서 아스널, 맨유, 첼시, 맨시티 등 유럽 빅 클럽들의 제안을 거절하고 RB 라이프치히에 잔류하기로 결정했습니다. 최근 맨유는 7천만 파운드(약 1,200억 원)를 제안할 가능성이 있으며, 최종 합의는 아직 이루어지지 않았습니다. - 옮긴이)

[워렌 자이르-에메리]
17세에 빅 클럽 주전을 차지

ⓒ 파리 생제르맹 FC

[출생] 2006년 3월 8일
[국적] 프랑스
[경력]
• 2022~ 파리 생제르맹 FC

    PSG 유스팀에서 공들여 육성된 인재인 워렌 자이르-에메리는 2022년 여름, 파리 생제르맹이 일본에 왔을 때 제가 '오, 재미있는 선수가 있네?' 하며 흥미를 느꼈던 젊은 미드필더입

올라운더 미드필더로 빛나는 존재감, 워렌 자이르-에메리

이 영상은 17세에 이미 PSG의 주전으로 자리 잡은 자이르-에메리의 인상적인 활약상을 담고 있습니다. 노련한 선수들 사이에서도 드리블, 패스, 기습 침투로 빛나는 존재감을 발휘하며, 수비 가담과 공격 전개를 동시에 책임지는 올라운더 미드필더의 면모를 보여줍니다.

니다. 그로부터 1개월 뒤에 클럽 역사상 최연소(16세 151일)로 공식전에 데뷔한 것을 보면 역시 제 안목이 정확했습니다.

유형적으로는 역동적으로 공수에 관여하는 인사이드 하프입니다. 오른발잡이이면서 왼발도 능숙하게 사용하는 테크닉, 순발력과 스피드도 훌륭하지만, 무엇보다 뛰어난 판단력이 돋보입니다.

그는 '인지 → 판단 → 실행'이 빠르고 적확해, 화려함은 없지만 허를 찌르는 페인트로 상대를 제칩니다. 패스 차단 등이 많은 것도 경기를 넓은 시야로 바라본다는 증거로, 아직 17세라고는 생각되지 않는 뛰어난 수준의 전술적 안목과 냉정함이 느껴집니다.

2023-2024시즌에는 유럽의 빅 클럽인 파리 생제르맹에서 주전으로 정착했으며, 리그 1 올해의 영플레이어상을 수상하기도 했습니다. 프랑스 국가대표로서도 11월 18일의 지브롤

터전에서 17세 255일의 나이로 데뷔전을 치렀을 뿐만 아니라 첫 골까지 넣었습니다. 그야말로 장밋빛 미래가 기대되는 재능을 가지고 있으며, 순조롭게 성장한다면 몇 년 안에 월드 클래스 미드필더가 되리라고 생각합니다. 여러분들도 자이르-에메리라는 이름을 꼭 기억해두길 바랍니다.

[산티아고 히메네스]
유럽이 주목한 특급 골잡이

ⓒ AC 밀란

[출생] 2001년 4월 18일
[국적] 멕시코
[경력]
- 2017~2022 크루스 아술
- 2022~2025 페예노르트 로테르담
  (2025년 2월 AC 밀란으로 이적 – 옮긴이)

    2023-2024시즌부터 WOWOW에서 챔피언스리그를 해설하게 되었는데, 제가 해설을 담당하는 일이 많았던 페예노르트에서 특히 눈길을 끌었던 선수가 센터포워드인 산티아고

정교함과 파괴력을 겸비한 스트라이커, 산티아고 히메네스
이 영상은 히메네스가 보여주는 날카로운 침투, 정확한 마무리, 그리고 피지컬을 활용한 연계 플레이를 중심으로 그의 골과 어시스트 장면을 담고 있습니다. 단순한 피니셔를 넘어 팀의 공격 흐름 전체에 관여하는 전천후 스트라이커로서의 진가를 확인할 수 있습니다.

히메네스였습니다. 우에다 아야세가 출장 기회를 많이 얻지 못하는 이유는 이 멕시코 국가대표 포워드가 활약하고 있기 때문입니다.

그는 강인한 육체를 자랑하며, 몸을 효과적으로 사용합니다. 2023년 10월 25일의 라치오전에서는 두 골을 넣었는데, 특히 첫 번째 골에는 그의 장점이 잘 드러나 있었습니다. 페널티 에어리어 안에서 상대의 수비수를 등진 채로 능숙하게 턴한 뒤, 혼전 속에서도 공간을 만들어내 왼발로 골을 넣은 것입니다. 매우 훌륭한 피니시였습니다.

페널티 에어리어 안에서는 항상 골을 의식하는 움직임을 반복하는 히메네스는 상대 팀의 수비수에게 있어 매우 골치 아픈 유형입니다. 공격의 기준점이 되는 유형이면서 측면 공격에도 능숙합니다.

2023-2024시즌에는 거의 경기당 1득점을 해 많은 골을 양

산하고 있는 중입니다. 빠르면 2024년 여름에 유럽 5대 리그의 클럽에 영입될 가능성이 있는 걸출한 재능이라고 저는 생각합니다. (히메네스는 2024-2025시즌 네덜란드리그에서 30경기 23골 6도움으로 득점 선두권을 다투며 AC 밀란, 토트넘, 아틀레티코 마드리드 등의 관심을 받았습니다. 결국 AC 밀란이 약 4천만 유로의 이적료를 제시하며 영입에 성공했고, 그는 AC 밀란의 새로운 주전 스트라이커로 낙점되었습니다.-옮긴이)

[아르네 슬롯]
명확한 지향성에 유연성도 겸비

ⓒ 리버풀 FC

[출생] 1978년 9월 17일
[국적] 네덜란드
[감독 경력]
• 2019~2020 AZ 알크마르
• 2021~2024 페예노르트 로테르담
(2024년 7월 리버풀 FC로 이적 - 옮긴이)

    챔피언스리그는 다양한 전술을 볼 수 있는 재밌는 대회인데, 2023-2024시즌에는 특히 페예노르트의 축구가 저를 매료시켰습니다. 전술의 귀재인 슬롯 감독이 정말 놀라운 팀을

아르네 슬롯 감독 특유의 빌드업과 하이 프레싱
이 영상은 슬롯 감독의 전술 철학을 '페예노르트 시절의 실제 경기 장면'을 중심으로 분석하며, 빌드업과 하이 프레싱의 정교한 구조를 짚어냅니다. 그의 유연한 포지셔닝과 압박 전환 능력이 리버풀에서도 성공적으로 재현될 수 있을지, 전술적 관점에서 집중 조명합니다.

만들어냈다고 생각합니다.

2022-2023시즌에 페예노르트를 6년 만의 에레디비시(네덜란드 1부리그) 우승으로 이끈 그의 수완은 명불허전입니다. '후방에서의 빌드업+전방에서의 하이 프레싱'이라는 현대적이고 명확한 지향성을 갖춘 감독이면서도 매우 유연합니다.

그는 경기에 따라 포메이션과 전술을 미묘하게 변화시키며, 팀은 그 의도를 충실히 수행합니다. 슬롯 감독의 축구는 조직력, 주도권, 속도를 모두 갖춘 전방위적 스타일로, 상대를 압도하면서도 단단한 팀 구조를 유지하는 것이 특징입니다. 홈에서 3-1로 승리한 라치오전(2023년 10월 25일)도 결과뿐만 아니라 경기 내용에서도 완전히 우위를 점한 훌륭한 경기였습니다.

명확한 플레이 모델이 있으면서도 상대와 상황에 맞춰 전술을 바꾸는 유연성은 현대 축구의 감독에게 가장 요구되는 요소라고 해도 과언이 아닙니다. 그런 의미에서 슬롯 감독에게 매우 큰 가능성을 느끼며, 언젠가 빅 클럽의 지휘를 맡게 되더라도 전혀 이상한 일이 아닙니다. 여러분도 페예노르트의 경기를 꼭 관전해보길 바랍니다. (슬롯 감독은 2024년 5월, 위르겐 클롭의 후임으로 프리미어리그의 리버풀 감독으로 선임되었습니다. 페예노르트에서 보여준 조직적이고 공격적인 축구 스타일은 리버풀의 차세대 방향성과도 잘 맞는다는 평가를 받고 있습니다. - 옮긴이)

CHAPTER 7

나의
오랜 파트너인
'축구 노트'

> 축구는 사랑하는 사람과 함께 걷는 긴 여행 같은 것이다.

지네딘 지단
(레알 마드리드의 상징적인 10번이자 명장)

축구를 오래 보다 보면, 단순히 보는 것만으로는 아쉬워지는 순간이 옵니다. 그럴 때 필요한 것이 바로 '기록'입니다. 어떤 장면이 왜 인상 깊었는지, 어떤 전술이 효과적이었는지 적어두다 보면 나만의 시선과 해석이 점점 깊어집니다.

이 장에서는 제가 수년간 함께해온 '축구 노트'에 대해 이야기하려 합니다. 단순한 기록장이 아니라, 제 축구 세계를 확장시켜준 소중한 도구였습니다. 축구 팬인 여러분도 자신만의 방식으로 축구를 정리해보는 습관을 들여보길 바랍니다.

약 30년 전부터 작성해온
나만의 축구 노트

마지막으로 '축구 노트'에 관한 이야기를 조금 하고 이 책을 마무리하도록 하겠습니다. 저는 아홉 살 때부터, 그러니까 약 30년 전부터 줄곧 축구 노트를 작성하고 있습니다.

이 축구 노트를 작성하게 된 계기는 당시 제가 소속되어 있었던 베르디 주니어의 코치님의 권유였습니다. 내용은 선수마다 달랐겠지만, 저는 훈련 내용이나 경기의 내용, 느낀 점, 제가 할 수 있었던 것과 할 수 없었던 것 등 축구에 관한 모든 것을 적었습니다.

그 후 주니어 유스, 유스, 대학교, 그리고 프로 선수가 되어서도 계속 축구 노트를 썼습니다. 현역 프로 선수였던 시절에는 훈련이나 경기에 관해서는 물론이고 '오늘은 반드시 골을 넣겠어.' '경기 전에 어떤 멘탈을 만들까?' 같은 목표나 마음가짐 등도 노트에 적었습니다. 원정지의 숙소에서도 종종 적었던 것이 지금도 기억납니다.

지금 돌이켜보면, 저는 축구 노트를 작성함으로써 머릿속을 정리하고 그 생각을 미래에 활용하고자 했던 것 같습니다. 경기에서 이겼을 때, 졌을 때, 그리고 센터포워드로서 골을 넣었을 때, 넣지 못했을 때 각각 감정이 달라지는데, 그때의 나와 마주하고 또 나아가 미래를 위한 밑거름을 만들었던 것입니다.

저는 시간이 흐른 뒤에 예전에 쓴 노트를 읽는 것도 좋아합니다. 과거의 저로부터 많은 배움을 얻을 수 있기 때문입니다. 도쿄대학교 감독을 맡았던 최근 3년 동안은 대학 시절에 썼던 노트를 꺼내 읽으면서 18~22세 때 제가 어떤 감정을 품었었는지 기억을 떠올리기도 하고, 현역 시절에 작성했던 노트에 있던 훈련 메뉴를 보고 활용하기도 했습니다. 저의 축구 노트는 대학생을 지도하는 데도 확실히 긍정적인 역할을 했습니다.

해설의 예습을 위해서도 노트를 활용합니다

저는 현역에서 은퇴한 뒤에도 좋은 해설자와 좋은 감독이 되기 위해 축구 노트를 계속 작성하고 있습니다. 해설을 위해 예습용으로 경기를 보기만 해도 많은 정보들이 머릿속에 어렴풋이 남기는 합니다만, 그런 정보는 경기를 해설할 때 금방 떠오르지 않습니다. 그러나 저만의 축구 노트에 메모를 해 놓으면 더욱 선명하게 기억에 각인되며, 필요할 때 즉시 말로 표현할 수 있게 됩니다.

제가 해설의 예습용으로 축구 노트에 적는 내용은 멤버(얼굴과 이름의 일치는 필수입니다), 포메이션, 공수의 메커니즘,

특색(공격은 점유율형인가 역습형인가, 수비는 하이 프레싱인가 블록인가 등), 경기중의 변화(포메이션 변경이나 선수 교체) 등입니다. 이런 사전 정보가 머릿속에 확실히 들어 있기에 라이브 해설에서 경기의 특징이나 변화 등을 별 어려움 없이 즉시 이야기할 수 있는 것입니다.

예를 들어 "이전 라운드에서는 초기 배치가 4-3-3이었는데, 이번 경기는 4-3-2-1이네요." "공격할 때 우측 풀백이 중앙 미드필더의 위치로 들어가는 이 가변 패턴은 세 경기 전부터 도입한 것입니다" 같은 해설은 미리 예습해놓지 않으면 절대 할 수 없습니다. 그래서 저는 언제나 예습에 시간을 아끼지 않습니다. 예습을 위해 아직도 축구 노트를 활용하고 있습니다.

또한 선수를 표현할 때의 문구도 노트에 적어놓습니다. 가령 해리 케인이라면 "퍼펙트 스트라이커", 주드 벨링엄이라면 "만능선수" 등의 문구를 적어놓으면 특징을 간결하게 표현하는 데 도움이 됩니다. 경기를 해설할 때 사용하는 '언어화 모음집'도 메모해놓습니다.

예를 들면 '공의 소유·비소유, 메커니즘, 재현성, 예방적 마킹, 정확·명확·효과적, 임기응변, 구현화, 행동' 등 해설할 때 사용하는 빈도가 높은 표현들입니다.

저는 이런 작업이 해설이라는 일을 하기 위해 반드시 필요하다고 생각합니다. 이따금 SNS에 축구 노트의 일부를 공개하면 팬들에게 "내용이 굉장히 알차다"며 칭찬을 받기도 하는데, 그럴 때면 프로로서 한 노력을 인정받았다는 생각이 들어 굉장히 기쁩니다.

응원팀용 축구 노트를 꼭 만들어봅시다

물론 저도 스마트폰이나 태블릿, 컴퓨터 등을 사용하지만, 축구 노트를 작성할 때는 지금도 종이 공책을 사용합니다. 제 경우는 손으로 쓰는 편이 기억에도 잘 남고 기록하기도 편리하다고 느끼기 때문입니다.

이 책을 읽어준 축구 팬 여러분에게도 축구 노트를 만들어볼 것을 권합니다. 특히 응원팀을 한시즌 동안 추적하면서 노트에 적어보는 것을 추천합니다. 저처럼 멤버, 포메이션, 공수의 메커니즘, 특색, 경기중의 변화, 선수의 특징 등을 자기 나름대로 적어보는 겁니다.

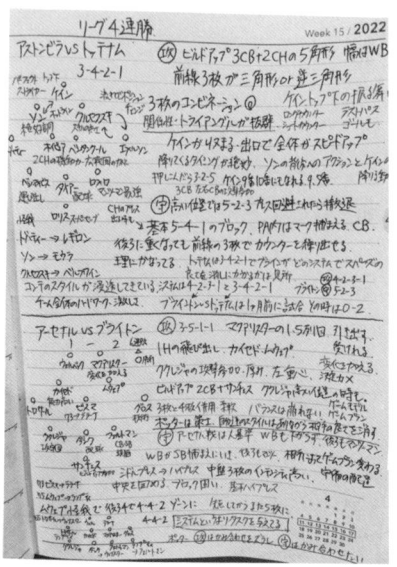

저만의 축구 노트에 팀과 선수의 상태, 포메이션 등을 정리해오고 있습니다.

지금까지 작성한 축구 노트는 집에 소중히 보관하고 있습니다.

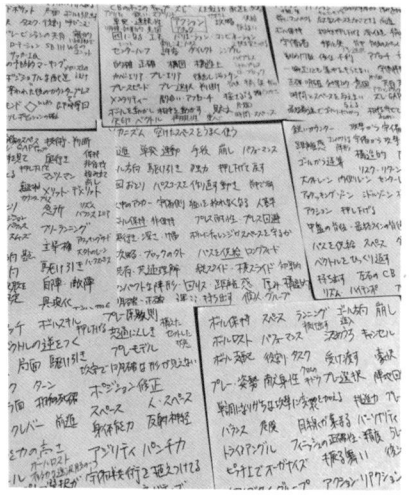

경기를 해설할 때 사용할 적절하고 알기 쉬운 표현 방법을 정리해 '언어화 모음집'도 만들고 있습니다.

이렇게 1년 동안 계속 기록하면 팀의 흐름이나 변화를 알 수 있게 될 것입니다. 그렇게 되면 틀림없이 다음 경기를 보면서 느껴지는 점이 달라질 것이며, 나아가 축구 경기를 보는 힘 자체가 높아질 것입니다.

얼마 전에 한 축구 관계자를 만났을 때 '축구계의 발전'을 주제로 이야기를 나누게 되었습니다. 선수들은 착실히 성장하고 있습니다. 이와 동시에 미디어나 서포터도 축구를 좀더 깊게 이해할 수 있게 된다면 축구의 수준이 더욱 높아질 것입니다. 이것이 그때 나눈 대화의 결론이었습니다.

저는 미디어를 통해 해설자로서 온힘을 다해 축구의 매력과 오묘함을 전달하고자 합니다. 그러니 축구 팬 여러분도 부디 함께 성장해나갔으면 합니다. 그러기 위해서라도 축구 노트를 적는 습관을 들여서 축구 경기를 보는 힘을 더욱 높여나가길 바랍니다.

나오며
이 책을 통해 더 즐겁게 축구를 볼 수 있을 것입니다!

 쓰다 보니 조금 긴 내용이 되었는데, 끝까지 읽어준 여러분에게 감사의 인사를 전합니다.

 본래 이 책을 쓰기로 결심한 계기는 주위 사람들의 권유였습니다. 은퇴 후 3년 동안 해설했던 중계국의 스태프에게 "해설이나 분석이 깊이도 있고 굉장히 재미있는데, 책으로 낼 생각은 없으신가요?"라는 질문을 받기도 하고, 축구 선수 동료에게 "전술이나 상황을 굉장히 상세하고 이해하기 쉽게 설명해주던데, 그걸 책으로 정리해보는 건 어때?"라며 권유를 받은 적이 여러 번 있었던 것입니다. 개인적으로는 이번 책이 세 권째인데, 이렇게까지 전술이나 분석을 상세히 적은 것은 이번이 처음입니다.

이 책을 통해서 여러분이 축구의 오묘함을 이해하고 조금이라도 더 즐겁게 축구 경기를 볼 수 있기를 바랍니다. 또한 지금까지 국내 리그나 국가대표팀 경기만 봤던 분에게 유럽 축구를 좋아하게 되는 계기를 제공한다면 그보다 기쁜 일은 없을 것입니다.

개인적인 이야기를 하면, 2023년에는 많은 분을 만나고 주위 분들의 도움을 받은 덕분에 참으로 충실한 1년을 보낼 수 있었습니다. 해외축구 해설을 할 기회가 더욱 늘어났을 뿐만 아니라 챔피언스리그 해설도 맡게 되었으며, 12월에는 덴노배 결승전(NHK)의 해설을 맡아 지상파 중계에도 데뷔할 수 있었습니다.

새롭게 맞이하는 2024년에는 도쿄대학교 감독 시절에 일정상 좀처럼 제안을 수락할 수 없었던 J리그 경기의 해설도 담당할 예정입니다. 또한 해설자로서 해외축구와 J리그 해설에 이은 목표는 국가대표팀 경기의 해설을 맡는 것이었는데, 감사하게도 연초에 아시안컵의 해설을 담당할 기회를 얻었습니다. 이처럼 지금까지 그려왔던 꿈들이 차례차례 이루어진 것은 제가 진지하게 일에 몰두해온 결과이자 제 주변에 있는 많은 분이 도와주신 덕분이라고 생각합니다.

 이런 책을 마무리하는 문구로는 "그러면 언젠가 다시 만납시다"가 정형문이 아닐까 싶은데, 저는 앞으로도 프리미어리그, 라리가, 세리에 A, 챔피언스리그, 유로파리그, 각국의 A매치, 그리고 J리그를 해설할 예정이기에 축구 팬 여러분은 매주 어딘가에서 제 얼굴과 목소리를 보고 듣게 되리라고 생각합니다. 그러므로 "앞으로도 잘 부탁드립니다"라는 말로 이 책을 마무리하겠습니다.

하야시 료헤이

★ 독자의 꿈을 사랑합니다

농구전문기자 손대범이 전하는 승리 공식들
재밌어서 밤새 읽는 농구 이야기
손대범 지음 | 값 17,000원

우리나라 농구팬들이라면 누구나 아는 이름, 손대범 농구전문기자가 최근 몇 년 사이에 화 달라진 농구 기술 트렌드를 100% 반영한 흥미로운 신작을 펴냈다. 해외 및 국내의 '진짜 전문가'들과 수없이 만나 물어가며 '농학(농구학자)'이 의욕적으로 펴낸 이 책은 농구 관련 책이 많지 않아 늘 아쉬운 우리나라 농구팬들의 갈증을 말끔히 풀어줄 것이다. 또한 농구팬뿐만 아니라 농구지식이 없는 사람의 관점에서도 쉽게 읽을 수 있도록 풀어썼다. 이 책을 보면 누구나 농구의 매력에 빠지게 될 것이다.

인물 드로잉, 손쉽게 따라 그릴 수 있다
누구나 쉽게 따라 하는 인물스케치
김용일 지음 | 값 20,000원

이 책은 연필 인물화의 기초 기법부터 실전 테크닉까지 초보자를 위한 인물화 그리기의 핵심 노하우를 담았다. 이 책 한 권이면 초보자도 자신감 있게 인물화를 그릴 수 있다. 그림은 관심과 노력만으로 충분하다. 이 책을 통해 누구나 쉽게 그림을 그릴 수 있고, 그림을 그리고 난 후 그 뿌듯함이란 말로 표현할 수 없을 것이다.

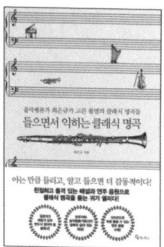

음악평론가 최은규가 고른 불멸의 클래식 명곡들
들으면서 익히는 클래식 명곡
최은규 지음 | 값 18,500원

클래식, 아는 만큼 들리고 아는 만큼 재미와 감동이 배가된다! 바이올리니스트로서의 경험과 음악학자로서의 연구력을 갖춘 최은규 음악평론가가 클래식 명곡을 흥미진진하게 들을 수 있는 귀를 열어줄 책을 냈다. 친숙한 명곡에 대한 해설과 함께 곡을 직접 들어볼 수 있는 음원을 제공하는 이 책을 통해 클래식 애호가는 물론, 입문자들까지 클래식을 더 재밌게 보고, 듣고, 즐길 수 있을 것이다.

너무 재밌고 유익하고 신박하다!
딱 1분만 읽어봐
1분만 지음 | 값 16,500원

구독자 92만 유튜브 채널 '1분만'을 책으로 만난다. 바쁜 현대인들을 위한 초간단 교양서이다. 1분이라는 짧은 시간 안에 세상의 지식을 위트 가득하게 전달하기에 성인들뿐만 아니라 10대 학생들에게도 폭발적인 인기를 누리고 있다. 과학, 사회학, 심리학, 정치학, 물리학 등의 근거를 바탕으로 답을 유쾌하게 풀어내주기에 이 책 한 권이면 당신은 멋진 교양인으로 거듭날 수 있을 것이다.

살아갈 힘을 주는 쇼펜하우어 아포리즘
쇼펜하우어의 인생 수업
아르투어 쇼펜하우어 지음 | 값 14,900원

마음의 위기로 현재의 삶이 만족스럽지 않다면, 그래서 행복이란 감정을 느끼기가 어렵다면 이 책을 읽자. 이 책은 대철학자 쇼펜하우어의 행복과 인생의 본질, 인간관계의 본질, 그리고 학문과 독서와 독자적 사고의 본질 등에 대한 직설적인 조언을 담은 인생 지침서다. 이 책에서 만날 수 있는 현명하고 솔직한 직언으로 세상일이 뜻대로 되지 않아 지친 현대인들이 자신의 모습을 되돌아보며 삶을 온전히 살아갈 힘을 얻을 수 있을 것이다.

살아갈 힘을 주는 니체 아포리즘
니체의 인생 수업
프리드리히 니체 지음 | 값 15,000원

현재의 삶이 괴롭고 고통스럽다면 니체의 생생한 목소리를 담은 이 책을 읽자! 채우기보다는 비워내 나 자신을 찾아 삶의 위기를 의연하게 이겨내길 당부하는 니체 특유의 디톡스 철학, 생(生) 철학이 고된 우리의 현실을 이겨내고 다시 살아갈 힘을 준다. 이 책에는 우리가 알아야 할 인생의 모든 지혜가 담겨 있다. 겉만 번지르르한 관념적인 인생 조언이 아니라 냉엄한 현실을 살아가는 데 도움이 되는 생생하고 구체적인 실천 수칙들이 가득하다. 이러한 니체의 통찰은 21세기의 독자들에게 더욱 큰 울림을 전한다.

돈 버는 독서, 몸값 올리는 독서법
저는 이 독서법으로 연봉 3억이 되었습니다
내성적인 건물주 지음 | 값 16,500원

22만 구독자를 보유한 유튜버 '내성적인 건물주'가 책을 냈다. 이 책에는 '서른 살 흙수저를 연봉 3억으로 만들어준 독서법'이 담겨 있다. 어떻게 책을 통해 일상에서 생각을 바꾸고, 바뀐 생각을 행동으로 옮김으로써 자기 몸값을 올리며 성공할 수 있는지에 대한 비법을 아낌없이 공개한다. 정말 책 읽기로 부를 일굴 수 있는지 궁금하다면, 저자가 실행한 대로 일주일만 따라해보자. 어제의 내가 아닌 새로운 나로 거듭날 수 있을 것이다.

저는 이 독서법으로 구독자 15만, 연봉 2억이 되었습니다
내 삶을 바꾼 인생역전 독서법
이상윤 지음 | 값 17,500원

이 책은 가난한 어린 시절을 보낸 저자가 자신만의 독서법으로 어떻게 연봉 2억의 15만 유튜버로 성공할 수 있었는지를 담은, 돈 버는 독서법을 알려주는 책이다. 경제적 자유를 이룬 성공한 이들은 모두 독서광이었다는 공통점이 있다. 이런 사실은 누구나 독서를 통해 성공할 수 있다는 것을 보여준다. 삶을 바꾸고 경제적 자유를 위한 목표를 이루고 싶다면 꼭 읽어야 할 책이다.

■ 독자 여러분의 소중한 원고를 기다립니다 ─────────────

초록북스는 독자 여러분의 소중한 원고를 기다리고 있습니다. 집필을 끝냈거나 집필중인 원고가 있으신 분은 khg0109@hanmail.net으로 원고의 간단한 기획의도와 개요, 연락처 등과 함께 보내주시면 최대한 빨리 검토한 후에 연락드리겠습니다. 머뭇거리지 마시고 언제라도 초록의 문을 두드리시면 반갑게 맞이하겠습니다.

■ 메이트북스 SNS는 보물창고입니다 ─────────────

메이트북스 홈페이지 www.matebooks.co.kr

책에 대한 칼럼 및 신간정보, 베스트셀러 및 스테디셀러 정보뿐만 아니라 저자의 인터뷰 및 책 소개 동영상을 보실 수 있습니다.

메이트북스 유튜브 bit.ly/2qXrcUb

활발하게 업로드되는 저자의 인터뷰, 책 소개 동영상을 통해 책에서는 접할 수 없었던 입체적인 정보들을 경험하실 수 있습니다.

초록북스 블로그 blog.naver.com/chorokbooks

화제의 책, 화제의 동영상 등 독자 여러분을 위해 다양한 콘텐츠를 매일 올리고 있습니다.

STEP 1. 네이버 검색창 옆의 카메라 모양 아이콘을 누르세요. STEP 2. 스마트렌즈를 통해 각 QR코드를 스캔하시면 됩니다. STEP 3. 팝업창을 누르시면 메이트북스의 SNS가 나옵니다.